Susurros de Alquiler

Jorge Argibay

Published by Jorge Argibay, 2023.

While every precaution has been taken in the preparation of this book, the publisher assumes no responsibility for errors or omissions, or for damages resulting from the use of the information contained herein.

SUSURROS DE ALQUILER

First edition. October 8, 2023.

Copyright © 2023 Jorge Argibay.

ISBN: 979-8223720782

Written by Jorge Argibay.

Tabla de Contenido

Nunca han renunciado los humanos, una especie sin duda
optimista, a su esperanza de curarse de todo tipo de mal.
Y siempre han abundado los creadores de medicamentos y
remedios anunciados como infalibles.

. . . .

REVERTE, Javier [2003] [p.62].

Definición de Términos

Interpretación: Producción de una interpretación de una lengua hablada o de signos a otra que sea funcionalmente equivalente y significativa para todos los participantes.

Interpretación consecutiva: Proceso por el cual el orador o signante ha completado una o más ideas en la lengua de origen y hace una pausa mientras el intérprete transmite esa información. El resultado es un alto nivel de precisión en el contenido de la interpretación.

NHS: Servicio Nacional de Salud (National Health Service, NHS), en Gran Bretaña, un amplio servicio de salud pública bajo administración gubernamental, establecido por la Ley del Servicio Nacional de Salud de 1946 y la legislación posterior. Prácticamente toda la población está cubierta, y los servicios sanitarios son gratuitos salvo algunas tasas menores.

Middle: Área que fue establecida para su administración por los normandos, en muchos casos basada en reinos y condados anteriores creados por los anglos, sajones, jutos, celtas y otros.

La Sociedad Británica de Psicología (BPS). La British Psychological Society (BPS) es un organismo representativo de los psicólogos y la psicología en el Reino Unido. Guía para clínicos: Trabajar con intérpretes en entornos sanitarios.

La Sociedad Australiana de Psicología (APS). La Australian Psychological Society (APS) es el máximo organismo de la psicología en Australia. Trabajar con intérpretes: Guía práctica para psicólogos. La APS cuenta con más de 27.000 miembros, lo que la convierte en el mayor organismo profesional que representa a los psicólogos en Australia.

Para evitar repeticiones o redundancias en la narración, se han utilizado estas siglas:

IT- Intérprete.

DT- Médico (especialista, psicólogo, trabajador social u otros).

PA- El paciente individual.

APS- Sociedad Australiana de Psicología.

BPS- Sociedad Británica de Psicología.

Prólogo

Susurros de Alquiler está dedicado exclusivamente al tema de la variación interpretativa cara a cara y la mediumnidad en el contexto médico y social.

La relevancia de la interpretación cara a cara suele ser preferible a otras opciones, ya que aumenta las posibilidades de establecer la compenetración en una sesión de psicoterapia. Proporciona un enfoque más personal, relevante para cuestiones más complejas y detalladas, que probablemente se traten en un contexto de asesoramiento. Hay más posibilidades de interacción humana y acceso a señales visuales en la sesión.

La interpretación es una habilidad altamente especializada que implica la traducción precisa, eficaz y oportuna de información de un idioma a otro. Incluir un intérprete en el ámbito de la psicología puede ser beneficioso cuando el cliente prefiere hablar, o habla con más fluidez, en un idioma distinto del idioma principal del psicólogo, o cuando los conocimientos de inglés del paciente se consideran inadecuados para la consulta.

Es imposible prestar un servicio psicológico de alta calidad sin una comunicación eficaz entre el psicólogo y el paciente. De ahí el valor extremo de la labor de interpretación y el valor intrínseco que debe desarrollar, una interacción que no permite descripciones fáciles, es vital ofrecer soluciones verbales rápidas, directas, ingeniosas y, por supuesto, originales.

La independencia de las emociones, los conocimientos teóricos y los programas preparatorios deben dejarse de lado en la memoria de una mente que necesita la máxima concentración.

Esta apreciación del papel funciona mejor cuando el intérprete es aceptado como miembro de la relación triádica que tiene como objetivo común el bienestar del paciente, y en la que cada parte es aceptada por su respectiva fuente de poder o capacidad. El proveedor ofrece su experiencia tanto técnica como terapéutica, proporcionando los conocimientos y habilidades que el paciente necesita para alcanzar sus objetivos relacionados con la salud.

El paciente aporta al encuentro su conocimiento de sus propios síntomas, creencias, necesidades y expectativas, así como su derecho último a tomar decisiones por sí mismo.

La experiencia del intérprete reside en sus conocimientos lingüísticos y su comprensión del proceso de comunicación asistida por intérprete. Su compromiso es apoyar a ambas partes en la negociación de sus respectivos ámbitos de competencia.

El intérprete no controla el contenido de los mensajes, pero es consciente de que el significado compartido no se produce automáticamente aunque los interlocutores utilicen la misma lengua.

Todas las sesiones a las que se hace referencia son casos reales a los que he asistido como intérprete (siempre cara a cara). Nunca se utilizan los nombres reales de los pacientes, sino que mencionaré PA (paciente) y un número, por ejemplo, paciente PA-22. Los pacientes permanecerán completamente anónimos. Tampoco utilizaré ninguna fecha u hora de la sesión (si la hay, será ficticia).

Se realizaron unas 800 visitas a centros médicos o sociales de la zona de Middle. Todas ellas se realizaron en el periodo comprendido entre octubre de 2018 y enero de 2020.

Para acceder a las citas colaboré con varias agencias, aunque principalmente fueron dos, con las que gestioné el 80% del total de visitas realizadas. La lengua de origen fue el inglés y las lenguas de destino el español, el portugués y el francés.

Esto no es un análisis profesional de enfermedades, ni un compendio farmacéutico de medicamentos, ni un trabajo de investigación, sólo me refiero a situaciones que fueron fruto de mi labor interpretativa, en ese momento de interacción entre psicólogo y paciente.

Unas veces con comentarios personales, otras con comentarios que resumen o valoran las ideas de los presentes en cada sesión. Es el espejo de la necesidad de ayuda lingüística como transposición de la necesidad emocional de ayudar al paciente y, por su resentimiento, el paquete compacto de sentimientos encontrados que rodea a tales sesiones.

Las enfermedades relatadas, padecidas por los pacientes son comunes (con excepciones), algunas de ellas repercuten en la sociedad actual en cualquier parte del mundo en que nos encontremos, aunque mis casos se sitúan en el citado Medio.

No habrá referencias bibliográficas, siempre me referiré a casos reales con enfermedades que a veces se cuentan en un contexto genérico, siguiendo el patrón de influencia sobre el paciente en cuestión. Se hará mención a la British Psichology Society (BPS) y a la Australian Psichology Society (APS) en temas relacionados con el campo de la interpretación. Las imágenes fueron capturadas de gettyimages.

1. ¿Qué Pasa en mi Cerebro?

PA-88.

Estaba claro que, con unas pocas visitas a IT para casos de salud mental, podría expresar cómo se llegaba al diagnóstico. En otras palabras, la pregunta sería:

¿Cómo se diagnostican los trastornos mentales?. Los pasos para obtener un diagnóstico incluirían:

- Un historial médico.

- Un examen físico y eventualmente pruebas de laboratorio, si el profesional considera que otras condiciones médicas pueden estar causando los síntomas.

- Una evaluación psicológica. Responderá a preguntas sobre el pensamiento, los sentimientos y el comportamiento.

La cita empezó a las 14.00 horas. Fue en el Centro de Salud Mental. Se trata de un hospital psiquiátrico privado independiente de 110 camas que ofrece atención vital a adultos mayores de 18 años.

El registro no contenía ningún dato de PA-88. Los casos de salud mental se rigen por un exhaustivo protocolo de privacidad PA. Presenté mis datos en recepción y me dijeron que subiera a la primera planta. El ambiente era frío, pasillos vacíos y sonidos en la lejanía.

Nadie en el pasillo, a diferencia de algunos hospitales en los Centros de Salud Mental siempre hay un ambiente de soledad, de duda, de ausencia de personal. Muy tranquilo, así que decidí subir por las escaleras en vez de coger el ascensor.

Cuando atiendo estos casos, intento relajarme, eso es todo, no se me pasa por la cabeza qué tipo de caso será ni quién será el paciente. En la primera planta había otro pequeño mostrador, y volví a enseñar mi historial con mi horario y mis datos. Me invitaron a pasar por la puerta de seguridad y una enfermera, sin mediar palabra, me indicó amablemente la sala donde debía realizar mi tarea.

Faltaban unos 5 minutos para las 14.00 cuando entré en la sala y, para mi sorpresa, había bastante gente esperándome. Alrededor de una gran mesa, había un grupo de personas que se suponía me esperaban para iniciar la reunión. Todos me miraron cuando me acerqué. Nadie dijo nada especialmente destacable.

Me sentaron junto a un miembro del personal, que me señaló los temas que debían tratarse en el orden del día de la reunión. El más importante era que había que dejar muy claro al paciente exactamente cuándo tendría que abandonar el hospital.

Al principio me costó un poco entender esta pregunta, ya que suelo asistir a reuniones de terapia, pero nunca había asistido a una sesión orientada a comunicar, digamos, el alta del paciente del centro. Tras preguntarle a la orientadora cuál era el motivo de esta situación, me dijo que se debía a que había fijado una primera fecha de alta para unos días antes y el paciente se había negado a marcharse.

Se había convocado a un informático para facilitar la reunión en general, pero también para aclarar este asunto en particular. El hecho de que se hubiera negado a marcharse explicaba que hubiera un grupo tan numeroso de asistentes. No habian sido presentados, es decir, desde el primer momento tuve que averiguar qué puesto ocupaban según la explicación que daban. Otros eran simples observadores, pero sin intervenir.

Dada la presentación, el ambiente era el de un caso bastante complejo o al menos problemático. Supongo que informar a un PA de que tiene que irse y que éste se niegue a hacerlo tiene su grado de gravedad interna, aunque desconozco cómo o qué tipo de medidas se aplican en estos casos.

Efectivamente, PA-88 estaba presente y muy cerca de mí. Era joven, calculo que de unos 25 años, vestía una especie de bata de casa con pijama, y tenía la cara de alguien que acaba de levantarse, más bien desamparado y con ojeras.

Estaba quieto, observando su entorno, con las manos cruzadas sobre sus dos piernas. Me miró fijamente y me preguntó si era informático. Asentí con la cabeza. No dijo nada, simplemente volvió a su posición inicial.

Nadie me presentó a los asistentes, simplemente empezaron en cuanto vieron que estábamos todos. Hubo un discurso introductorio, así que de momento tuve que traducir delante de PA-88. La persona que estaba a mi lado me indicó que podía tomármelo con calma porque esa sesión informativa contenía detalles que el joven ya conocía sobre su internamiento, los motivos y la enfermedad del diagnóstico.

Que podía estar tranquilo y esperar, porque el joven, al parecer, era capaz de entender algo de inglés. Mi trabajo se centraría en decirle que no podía volver a suspender, que no podía prolongar su estancia en el Centro, que tendría que marcharse en la fecha que se le indicaría.

Me instó a que, por favor, planteara esta cuestión y lo hiciera cara a cara con el paciente-88. Por ahora los hechos eran sustanciales, pero no cruciales para el motivo que nos había llevado hasta allí. Vayamos a los hechos", dijo una de las mujeres presentes.

El joven había sido diagnosticado de Trastorno Obsesivo Compulsivo (TOC). Mientras tanto, continuaba el repaso, que todos escuchaban con mucha atención. El otro miembro del grupo situado a mi izquierda, una mujer, hizo algunas explicaciones en voz baja sobre la enfermedad. No se me pidió que tradujera estos detalles, sólo fueron un comentario leve, muy leve.

Experimentar un problema de salud mental suele ser perturbador, confuso y aterrador, sobre todo al principio. Si se siente mal, puede pensar que es un signo de debilidad o que está "perdiendo la cabeza".

Estos temores suelen verse reforzados por la imagen negativa (a menudo poco realista) que se tiene de las personas con problemas de salud mental en el entorno habitual. Esto puede inhibirles de hablar de sus problemas o de buscar ayuda. Esto, a su vez, puede aumentar su angustia y su sensación de aislamiento. Por eso PA-88 acudió a nosotros, necesitaba ayuda (dijo el orador).

Sin embargo, no a todo el mundo le ayuda pensar en su salud mental de esta manera. Depende de tus tradiciones y creencias, y puedes tener ideas distintas sobre la mejor manera de afrontar las circunstancias. En muchas culturas, el bienestar emocional está estrechamente asociado a la vida religiosa o espiritual. Y las experiencias difíciles pueden ser sólo una parte de cómo entiendes tu identidad en general.

A continuación, dio otra definición del TOC:

El trastorno obsesivo-compulsivo (TOC) es un trastorno frecuente, crónico y duradero en el que una persona tiene pensamientos (obsesiones) y/o comportamientos (compulsiones) incontrolables y recurrentes que siente el impulso de repetir una y otra vez.

Era de suponer que el público sabía de qué se estaba hablando, aunque nadie hizo ningún gesto ni reaccionó. PA-88 seguía escuchando (me pregunto si su mente estaba realmente con nosotros en la sala o en otro lugar).

En sus fases PA-88 se rascaba constantemente, como se menciona más adelante, lo que era uno de los síntomas habituales de la enfermedad. Las zonas afectadas acababan dañándose. Se siguió investigando esta cuestión.

Una persona con trastorno por excoriación (hurgarse la piel) se pica repetidamente la piel lo suficiente como para causarse lesiones. La conducta de hurgarse la piel causa angustia o dificultades significativas en el trabajo, las interacciones sociales u otras actividades.

Puede desencadenar sentimientos de pérdida de control, vergüenza y pudor y puede llevar a evitar las relaciones sociales. Los individuos con trastorno por excoriación a menudo han hecho repetidos intentos de disminuir o detener el hurgamiento de la piel. El PA-88 lo ha disminuido significativamente.

El comportamiento puede estar desencadenado por sentimientos de ansiedad o aburrimiento. Puede ir precedido de una creciente sensación de tensión y provocar después una sensación de alivio, o puede ser un comportamiento más automático. A veces puede implicar un impulso por intentar arreglar las imperfecciones percibidas.

Las obsesiones son pensamientos, impulsos o imágenes recurrentes y omnipresentes que provocan emociones angustiosas como ansiedad, miedo o ira. Muchas personas con TOC se dan cuenta de que son una manifestación de su mente y de que son extremos o irracionales. Sin embargo, la angustia causada por estos pensamientos intrusivos no puede resolverse mediante la lógica o el razonamiento.

La mayoría de las personas con TOC intentan reducir la angustia de los pensamientos obsesivos, o deshacer las amenazas percibidas, mediante el uso de compulsiones. También pueden intentar ignorar o suprimir las obsesiones o distraerse con otras actividades. PA-88 había recibido tratamiento y medicación adecuados.

Ejemplos del contenido típico de los pensamientos obsesivos de PA-88:

- Miedo a la contaminación por las personas o el medio ambiente.

- Miedo a cometer una agresión o a que le hagan daño (a sí mismo o a sus seres queridos).

- Preocupación extrema porque algo no está completo.

PA-88 también había estado recibiendo terapia cognitivo-conductual (TCC), conocida como exposición y prevención de respuesta (EPR). Durante las sesiones de tratamiento, PA-88 se expone a situaciones o imágenes temidas que se centran en sus obsesiones. Al principio, el tratamiento provocó un aumento de la ansiedad.

Se ha entrenado al paciente para que evite realizar sus conductas compulsivas habituales (lo que se conoce como prevención de la respuesta). Simplemente permaneciendo en una situación temida sin que ocurra nada terrible, el paciente aprende que sus recuerdos temerosos son sólo pensamientos.

PA-88 estaba sentado entre estas dos personas mirando hacia mí, como en círculo, no tenía su acceso independiente a la mesa. Estaba claro que sólo querían que me centrara en la traducción, de cara a PA-88, lo que dijera no parecía importar, es decir, todo estaba planteado como que tenía que asentir, poco más.

De hecho, las pocas cosas que dijo se las tradujo a la persona que estaba a mi izquierda, que parecía ser el que mandaba, aunque tampoco se presentó, nadie se presentó, quiero decir, nadie me dijo qué función tenía o cosas así. Fue todo muy suspenso.

La madre había sido quien solicitó su ingreso en el centro (debido al riesgo de autolesión) con la esperanza de recibir apoyo para su hijo. Durante su estancia en este hospital había recibido diversos cuidados, tanto sociales como educativos, para hacer frente a su trastorno. Por otro lado, había recibido medicación (de seis a doce semanas, mencionado por el médico como el periodo estándar de respuesta de la AP al tratamiento).

El tratamiento se basa en el trastorno mental que padece el PA y su gravedad. La madre y los médicos han elaborado un plan de tratamiento a medida para su hijo. Normalmente implicaba cierto nivel de terapia. También incluía la toma de medicación.

• • • •

. . . .

La madre, tras consultar posteriormente con los médicos, había convenido en que la atención o el tratamiento básicos no eran suficientes, y además tenía miedo de ser agredida, por lo que solicitó su ingreso en el centro psiquiátrico. Los médicos le habían dicho que, en algunos casos, puede considerarse necesario un tratamiento más profundo. Puede ser necesario acudir a un hospital psiquiátrico.

Puede ser porque su enfermedad mental es grave o porque corre el riesgo de hacerse daño a sí mismo o a otra persona. En el hospital recibirías asesoramiento, siempre puedes hablar en grupo y hacer actividades con profesionales de la salud mental y otros pacientes. La madre había aceptado esta opción tras escuchar el asesoramiento.

PA-88 estaba callado, con las manos cruzadas, apenas gesticulaba y no se movía. Sólo sus ojos se volvían hacia mí, para retirarlos de inmediato, pero de momento no me dijo nada. Tuve la sensación de que antes de mi llegada, le habían informado de cómo iba a ser la reunión y, tal vez por eso estaba relajado, o tal vez porque no le importaba lo que allí sucedía.

Por un momento, mientras escuchaba, me pregunté por qué la madre de PA-88 no estaba presente. Como si pudiera oír mis pensamientos, poco después la mujer de la izquierda me dijo que se había remitido una copia escrita a la dirección postal de la madre, ausente de Middle por motivos personales en los últimos días.

En el Centro se acordó que PA-88 ya estaba mucho mejor, estaba recuperado y que tenía que abandonar el Centro en la fecha señalada (quedaban unos días de prórroga). Tuve que repetírselo a PA-88 varias veces, no paraba de repetir el día y la fecha, que además estaban escritos en un documento que podíamos ver delante de nosotros (el mismo que le habían enviado a su madre).

PA-88 asintió bruscamente, dijo muy bien, muy bien y luego repitió el día y la fecha. Eso pareció tranquilizar a los presentes, que miraron al afectado en busca de aceptación.

Todo parecía en su sitio y muy claro. La reunión había sido muy satisfactoria, o eso me pareció a mí. PA-88 me dio las gracias, me dejó ver una suave sonrisa y me dijo que en realidad no tenía ganas de ir a ningún sitio y que su madre era lo único que tenía y que lo que más le molestaba eran los tiros.

PA-88: esos malditos pinchazos, me van a destrozar, ya le dije a mi madre que no me inyectara más, pero nadie me hace caso y han vuelto a ponérmelos, me han dejado totalmente tirado, me dijo.

La reunión había terminado, me habían dicho que podía irme. Me marché evitando cualquier contacto con el paciente.

Me quedé con una sensación de cierto desasosiego, me hubiera gustado que PA-88 hubiera hablado más, que hubiera mencionado algo sobre la enfermedad, que hubiera reconocido su evolución, o al menos que se hubiera dirigido a los presentes en más ocasiones.

No sé, quizá fuera el protocolo para estos casos, o quizá también estuviera cansado y prefiriera no participar, dado que el motivo de la reunión era muy concreto. También habría estado bien que su madre hubiera estado presente, ya que parece que fue decisión suya recluirlo en el hospital.

He intentado evaluar por mí mismo las situaciones de dinámica interpersonal. La presencia de un intérprete puede alterar la dinámica de la relación terapéutica entre el psicólogo y el AP. Las reacciones de transferencia y contratransferencia pueden ser complejas. Las áreas potenciales de preocupación pueden incluir:

- El PA y el intérprete forman una alianza que excluye al psicólogo.

- El intérprete y el psicólogo forman una alianza que excluye al PA; o

- Rechazo del intérprete por parte del PA (o psicólogo).

Un psicólogo que trabaje con un intérprete debe ser consciente de estos escenarios y debe considerar las consecuencias de trabajar con un intérprete. La mejor práctica para gestionar los cambios en la dinámica interpersonal es reflexionar sobre ellos con el intérprete y recurrir a la consulta entre iguales.

Si el psicólogo comprueba que el intérprete no ha conectado con el PA o no se adapta al contenido de las sesiones, puede ser aconsejable reconsiderar la búsqueda de un intérprete alternativo.

Hice todo lo que pude para afrontar el fondo de la reunión. El resultado fue muy bueno, se aclararon los puntos más importantes y la comunicación fue fluida. Diríamos que PA-88, por lo que podíamos juzgar de su estado, había mejorado en materia de:

- Había perdido el miedo a causarse daño a sí mismo o a otra persona por no tener suficiente cuidado o por actuar siguiendo un impulso violento.

- La no necesidad de tranquilidad constante.

- En cuanto a los medicamentos, era evidente que las inyecciones de cualquier tipo no parecían haber sido satisfactorias, aunque su contribución positiva a su mejoría parecía incuestionable.

· · · ·

PA-55.

En esta ocasión, el DT me hizo un briefing inicial y me recordó el Código Deontológico, que deben cumplir los psicólogos que recurren a intérpretes:

(a) tomar medidas razonables para garantizar que los intérpretes sean competentes para trabajar como tales en el contexto pertinente.

(b) tomar medidas razonables para garantizar que el intérprete no tenga una relación múltiple con el cliente que pueda perjudicar su juicio.

(c) tomar medidas razonables para garantizar que el intérprete conozca cualquier otra disposición pertinente del presente Código.

(d) Obtener el consentimiento informado del cliente para utilizar el intérprete seleccionado.

La DT me dijo que la agencia le había hablado de mi valía y que se alegraba de que pudiera asistir a la reunión y que estaba contenta con mi apoyo.

La sesión empezó muy fuerte, la PA-55 sentada a mi lado, diciéndome que tradujera, de forma impulsiva. Le preguntaba al médico cómo había cambiado su cita. Se expresaba de forma bastante conflictiva, el médico no parecía impresionado (para mí era la primera vez con esta paciente).

Dijo que estaba harta de la terapia y que tal vez no volvería. Dijo que le gustaba hacer daño, que no era para tanto.

Había estado ingresada en el hospital psiquiátrico y ahora acudía a sesiones de seguimiento aquí, en este centro privado, desde que había salido del hospital. el problema era que recaía en las autoagresiones.

Para mi considerable sorpresa, mostró su brazo y, a decir verdad, tenía heridas extensas, varios cortes, algunos de ellos parecían llevar allí bastante tiempo y estaban casi curados. Algunas habían sido causadas por cristales.

El médico la escuchó y la miró a los ojos con atención. Adiviné que la paciente no tenía a mano ningún utensilio especial, por nuestra seguridad.

Al cabo de unos minutos, el DT adoptó un enfoque a distancia y pude ver cómo el estado de ánimo de la paciente cambiaba bruscamente. Se llevó las dos manos a la cara y empezó a llorar.

El DT dijo a PA-55 que no olvidara todas las conversaciones que habían mantenido en el pasado. A continuación mencionó su evaluación general de la enfermedad:

La psicosis, incluida la esquizofrenia, se caracteriza por distorsiones del pensamiento, la percepción, las emociones, el lenguaje, el sentido de sí mismo y el comportamiento. Durante un episodio psicótico, pueden producirse alucinaciones y desvaríos.

Síntomas: En cuanto a la percepción, puede pensar que otras personas hablan de usted o que oye voces. También puede sentirse triste y enfadado, o que le observan constantemente. En cuanto al comportamiento, puede tener dificultades para dormir, hablar solo y comportarse de forma ofensiva.

Tratamiento y ayuda: La medicación es la principal forma de tratamiento, ya que puede ayudar con los equilibrios bioquímicos alterados en el cerebro y aliviar síntomas como las alucinaciones. La psicoterapia puede ayudar a la persona a entender su enfermedad y afrontar el impacto que tiene en su vida. La rehabilitación y el asesoramiento ayudan a desarrollar la interacción social y las habilidades para la vida independiente.

Se trataba de una paciente con antecedentes de esquizofrenia. Había estado en tratamiento durante un tiempo considerable, luego dejó de estar hospitalizada porque su comportamiento había ido mejorando y había solicitado volver con su familia, ya que tenía algunos hijos y, no pasemos por alto el hecho de que era extranjera (siempre que hay una IT es porque hay un extranjero), su situación de visado se volvió crítica.

Al tratarse de un caso tan delicado, hice todo lo posible por servir de enlace entre las dos partes, nadie pareció quejarse por ello. La situación parecía calmarse, y me alegré por ello.

Ahora el médico desviaba la conversación y preguntaba a PA-55 por la familia. Ella aceptaba el reto y contestaba con frases cortas, dándose tiempo suficiente para reaccionar, como si estuviera hablando de la vida de la familia de otra persona.

Después de todo, probablemente se encontraba lo suficientemente bien, porque PA-55 acudió sola a la consulta, nadie la acompañaba. Estaba claro que ahora era totalmente autosuficiente en su vida personal.

. . . .

PA-46.

Al PA-46 le diagnosticaron trastorno bipolar. Ha vivido en negación y aislamiento en casa durante mucho tiempo. Acudió a la sesión en compañía de su madre. El objetivo de estas sesiones era centrarse en el apoyo psicológico (counselling).

La DT se refirió a saber reconocer los desencadenantes y signos de un episodio depresivo o maníaco y al tratamiento psicológico, como la terapia hablada, que puede ayudarla a sobrellevar la depresión y darle consejos para mejorar sus relaciones.

. . . .

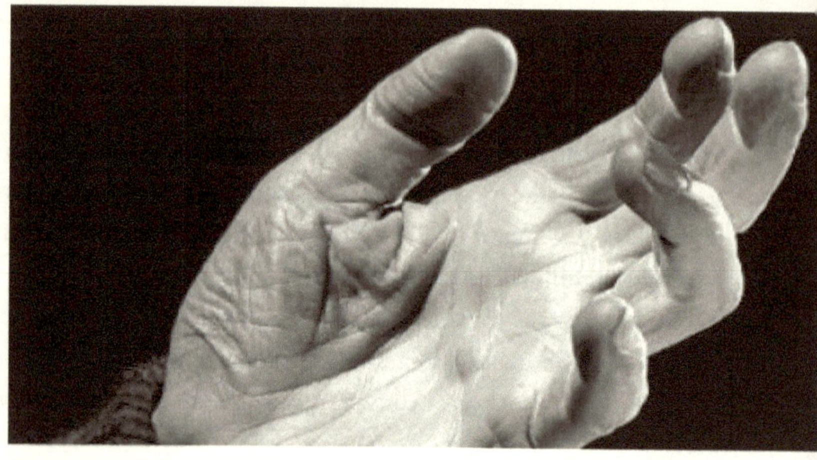

· · · ·

PA-46 había pasado por un largo periodo de aislamiento, debido a sus alucinaciones, episodios intensos (aunque no relatados con precisión en esta sesión), había experimentado un estado de desilusión permanente, sentía que ella era la causa del daño sufrido por personas cercanas a ella, que estaba bloqueada (psicosis).

Intentó controlar todos estos síntomas con ayuda psicológica y un tratamiento adecuado (esta fue la parte en la que más intervino la madre).

DT: El tratamiento pretende estabilizar el estado de ánimo de la persona y reducir la gravedad de los síntomas. El objetivo es ayudar a la persona a desenvolverse eficazmente en la vida cotidiana.

Por lo que pude deducir del diálogo (era la primera vez que asistía a este caso), la PA-46 se encontraba bien y, la madre se había puesto en contacto con el psicólogo, pidiendo una opinión experta sobre si debía retirarse la medicación. Se trataba de un punto muy delicado, porque los síntomas podían reaparecer.

A la madre le preocupaba que su hija, a su edad, pudiera estar empezando a tener suficiente independencia en su vida, que ya pudiera ser capaz de realizar algunos proyectos personales y llegar hasta el final.

DT: Sin embargo, es poco probable que un estado de ánimo inflado perdure. Incluso si lo hace, puede resultar bastante difícil mantener la concentración o seguir adelante con los planes. Esto puede dificultar el seguimiento de un proyecto hasta el final.

Pesadillas, sentimientos constantes de miedo, estados de constante ensimismamiento, falta de concentración, escenas en las que se imaginaba a sí mismo haciendo daño a otras personas (cortando con cuchillos, apretando sus gargantas) eran algunos de los padecimientos de la PA-46.

Una vez que el tratamiento mejora la sensación de la persona, ésta puede dejar de tomar la medicación. Entonces, los síntomas pueden reaparecer (esta era la preocupación del psicólogo).

La DT creía que aún era un poco prematuro suspender la medicación y pensaba mantenerla durante un periodo relativamente corto. Se mostró optimista sobre los resultados globales y consideró que la evolución de la PA-46 era alentadora, aunque veía la medicación como un apoyo innegable y suspenderla era extremadamente arriesgado por el momento.

El mantenimiento de la terapia era fundamental (TCC), aunque existía un canal on-line que aún no habían utilizado y que iban a empezar a hacerlo, para simplificar el contacto con el especialista sin tener que acudir físicamente a la consulta.

DT: Tenemos que asegurarnos de evitar esos síntomas de psicosis, incluidas las alucinaciones, que implican oír o ver cosas que no existen, y los delirios, que son creencias falsas pero fuertemente sentidas. No podemos correr el riesgo de que la curva entre en episodios depresivos, eso sería muy dramático.

Mediante la terapia cognitivo-conductual (TCC), el paciente puede controlar con éxito los desencadenantes:

-reconocer y tomar medidas para gestionar los principales factores desencadenantes, como el estrés.

- identificar los primeros síntomas de un episodio y tomar medidas para controlarlos.

- trabajar sobre los factores que ayudan a mantener un estado de ánimo estable durante el mayor tiempo posible.

- Conseguir la ayuda de familiares, profesores y compañeros.

- Estas medidas pueden ayudar a la persona a mantener relaciones positivas en casa/trabajo.

El trastorno bipolar no puede curarse completamente, pero el tratamiento se centra en la gestión competente de los episodios agudos y la prevención de nuevos episodios. Otras variaciones apuntan a desequilibrios de los neurotransmisores, alteraciones de la función tiroidea, alteraciones del ritmo circadiano y niveles elevados de cortisol, la hormona del estrés.

DT: También se cree que hay factores ambientales y psicológicos externos implicados en el desarrollo del trastorno bipolar. Estos factores externos se denominan desencadenantes (estrés, abuso de sustancias, medicación, cambios estacionales, privación del sueño). Sin embargo, el episodio actual de trastorno bipolar en PA-46 no está asociado a un desencadenante explícito.

DT: Acepte su enfermedad, no se avergüence de ella. Siga con su tratamiento. A partir de ahí, recupere el yo que ha perdido. Le aseguro que se perderá. Pero no hay nada que temer. Al fin y al cabo, el todo está en constante evolución. Aparte de las limitaciones biológicas, puedes darle la forma que desees.

La DT hizo observaciones bajo el epígrafe de la medicación, ya conocida por ambas partes para prevenir episodios de manía y depresión, conocidos como estabilizadores del estado de ánimo (que ella tomaba a diario de forma prolongada) y, los medicamentos para tratar los principales síntomas de la depresión y la manía cuando aparecen los síntomas, aprender a identificar los desencadenantes y los signos de un episodio depresivo o maníaco, y el tratamiento psicológico.

DT: Estos medicamentos deben mantenerse para prevenir episodios de manía y depresión. Los estabilizadores del estado de ánimo, que se toman todos los días. Hay que seguir, claro, ya sé que vienen de largo pero de eso se trata.

Por último, se les recordaron consejos sobre el estilo de vida, para que intentaran hacer ejercicio con regularidad, planificaran actividades que les gustaran y les dieran sensación de logro, así como consejos para mejorar su dieta y dormir más.

2. Tejidos Carentes de Glucosa

Si invirtiéramos los deseos de los pacientes, podríamos decir que ésta es la enfermedad preferida, quiero decir, en el sentido de que es la dolencia más común entre los casos que he atendido. Muchos son los PA que necesitan traducción, muchos son los extranjeros que viven en Middle que experimentan Diabetes, son los primeros en la evaluación de la enfermedad.

• • • •

PA-19.

Procedente de un país centroamericano, tras las pruebas previas hoy acude al médico relajado y tranquilo. Trabaja en algún sector de la construcción, ha viajado antes a Italia donde ha obtenido la doble nacionalidad (muchos PA hablan de esta circunstancia como muy deseable en el entorno geográfico). En cuanto tiene ahorros viaja una y otra vez a su país de origen. Comentarios realizados mientras el médico tomaba notas.

El médico ha confirmado todos los resultados, que no son favorables, y la evaluación comparativa. De los tres resultados obtenidos en la prueba, el suyo fue de los más altos, de ahí la indicación de diabetes.

DT: Usted tendrá que empezar a tomar insulina. Es el principio de un camino sin retorno.

PA-19: ¿Voy a tener que tomar insulina?.

Doctor: sí, no hay elección, esto ya está muy avanzado, como muestra el resultado de la prueba.

PA-19: ¿Cuánto tiempo tendré que tomar insulina?.

Doctor: No hay un marco de tiempo. Tu cuerpo necesitará insulina de forma permanente.

DT: Un exceso de glucosa en la sangre puede causar graves problemas de salud que dañan los vasos sanguíneos, los nervios, el corazón, los ojos y los riñones. Es imperativo combatirlo enseguida para evitar daños más graves.

La diabetes de tipo 2 suele diagnosticarse mediante la prueba de hemoglobina glucosilada (A1C). Este análisis de sangre indica su nivel medio de azúcar en sangre en los últimos dos o tres meses.

DT: La diabetes de tipo 2 se produce cuando el organismo no genera suficiente insulina o no la consume como debería.

DT: Usted tiene sobrepeso. Eso también es un gran reto. La pérdida de peso se traduce en un mejor control de la glucemia, el colesterol, los triglicéridos y la tensión arterial. Puede empezar a ver mejoras en estos factores tras perder tan sólo el 5% de su peso corporal.

Cuanto más peso pierda, mayores serán los beneficios para su salud. Estableceremos como objetivo la opción de perder hasta un 15% del peso corporal.

AP: ¿Qué medicación tendré que tomar?.

DT: En primer lugar, la dieta y el ejercicio serán los mejores aliados. La insulina será la que combata directamente la enfermedad.

Entre los medicamentos, la metformina, porque actúa reduciendo la producción de glucosa en el hígado y mejorando la sensibilidad del organismo a la insulina para que pueda utilizarla con mayor eficacia.

• • • •

PA-20.

PA-20 tenía muchos dolores y molestias, la mujer lo atribuye a un estilo de vida sedentario y a que había engordado bastantes kilos. Medía más de 110K y no llegaba al metro setenta de estatura.

Diagnóstico: Diabetes. Motivo de la consulta: Recomendaciones para el uso de jeringuillas autoinyectables y seguimiento terapéutico. Acudió con una niña (su hija, de unos 12 años).

Síntomas de la diabetes: Hambre extrema. Fatiga o somnolencia. Visión borrosa. Heridas, llagas o hematomas que cicatrizan lentamente. Piel seca y con picores.

El médico señaló que, en su caso, la diabetes estaba relacionada con un problema alimentario, ya que tenía un sobrepeso considerable que no ayudaba a combatir la enfermedad.

Había algo alterado en la mirada de PA-20. Le describió al médico episodios cotidianos de su vida, asegurándole que su alimentación no era nada mala, que dormía bastante bien y que no había grandes contratiempos en su vida que la preocuparan en exceso. No comprendía la razón de esta enfermedad.

• • • •

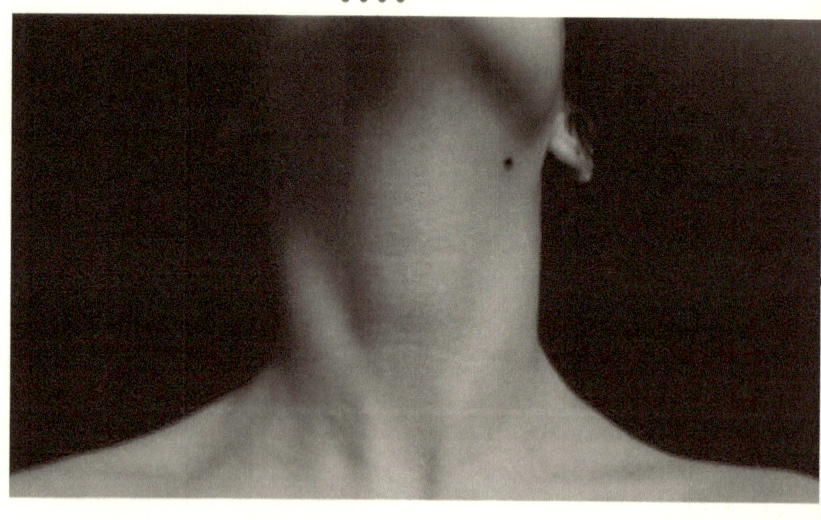

• • • •

El DT le explicaba que en su caso la diabetes es sobre todo un problema nutricional, porque tenía mucho sobrepeso.

El DT explicó algunos factores de riesgo de la diabetes de tipo 2:

- El peso. La obesidad es el factor de riesgo más importante de la diabetes de tipo 2. Cuanto más sobrepeso tenga, más resistente será su organismo a la insulina.

- La edad. El riesgo de diabetes tipo 2 aumenta con la edad, sobre todo a partir de los 45 años. Aunque no se puede cambiar la edad, sí se puede trabajar sobre otros factores de riesgo para reducirlo. Tenía 50 años, así que más peligro.

- Antecedentes familiares. No se pueden cambiar los antecedentes familiares, pero sigue siendo importante que usted y su médico sepan si hay diabetes en su familia. Tu riesgo de padecer diabetes es mayor si tu madre, tu padre o un hermano tienen diabetes.

PA-20: Sí, mi padre tenía diabetes.

DT: El consumo de alcohol y tabaco puede aumentar el riesgo de diabetes de tipo 2. Deje de fumar lo antes posible.

PA-20: Sí, he fumado regularmente durante años.

Podemos hacer cambios para reducir el riesgo de forma significativa. dos recomendaciones básicas:

- Ejercicio y control del peso. Hacer ejercicio y mantener un peso saludable puede reducir el riesgo de diabetes. Cualquier cantidad de actividad es mejor que ninguna. Intente hacer ejercicio entre 30 y 60 minutos la mayoría de los días de la semana.

- Una dieta rica en grasas, calorías y colesterol aumenta el riesgo. Una dieta incorrecta puede provocar obesidad (otro factor de riesgo de la diabetes) y otros problemas de salud. Una dieta sana es rica en fibra y baja en grasa, colesterol, sal y azúcar. Recuerde también vigilar el tamaño de las raciones. Cuánto comes es tan importante como qué comes.

PA-20: No me digas que voy a estar a dieta.

DT: Sí, me temo que tendremos que guiarte en ese sentido, para que sigas comiendo lo que te gusta, pero en raciones reguladas.

PA-20: ¿Pero qué pasa con mi pelo?.

DT: ¿Qué le pasa a tu pelo?.

PA-20: Dios mío, ¿voy a perder mi cabello?.

DT: ¿Quieres decir que se te va a caer el pelo de la cabeza?. ¿Has notado algún síntoma?.

PA-20: No, pero vi a una joven en un programa de televisión que dijo que se le había caído el pelo por la diabetes.

DT: La caída del cabello suele estar relacionada con la diabetes. Se cree comúnmente que ciertos problemas causados por la diabetes pueden provocar la caída del cabello, entre ellos un trastorno del sistema inmunitario llamado alopecia areata, la mala circulación y la hiperglucemia. La insulina es una hormona importante que ayuda a las células a utilizar el azúcar de la sangre como fuente de energía.

Cuando no se produce o se utiliza de forma incorrecta, provoca un aumento del azúcar en sangre que, a su vez, puede dar lugar a múltiples complicaciones graves en todo el organismo si no se controla adecuadamente.

DT: Pero dices que no lo has echado de menos, ¿verdad?. Que no has notado ningún síntoma hasta ahora, ¿correcto?. Entonces no debes preocuparte. Una buena alimentación es lo que nos ayudará a asegurarnos de prevenir cualquier tipo de efecto secundario negativo, combinado con la dosis adecuada. El estrés debe evitarse en la medida de lo posible.

DT: respondiendo a tus comentarios anteriores de que tu dieta no es del todo mala, te recuerdo que la comida en sí no es el tema, lo que es clave en el entorno de la diabetes, es la cantidad, ya que puedes o puedes comer lo que quieras, pero son las cantidades las que dan el valor, si antes comías por ejemplo en tu cena dos platos de arroz con guarnición, ahora tendrás que comer medio plato de arroz.

El volumen de alimentos es la *clave* a largo plazo seguramente definirá su evolución con la enfermedad y los signos de mejoría en su cuerpo.

• • • •

PA-87.

• • • •

A PA le habían diagnosticado prediabetes, la cita de hoy era para enseñarle a usar el inyector para inyectarse (en la zona abdominal) y le pondrían su primera inyección durante esta sesión.

PA-87 no entendía del todo en principio por qué tenía que hacerlo, aunque aceptaría las exigencias, porque su familia le había convencido, pero estaba seguro de que la privación de alimentos, sobre todo, no era para él.

En su opinión, decía, la alimentación era muy esencial, formaba parte del correcto desarrollo del cuerpo y la mente, y así había criado a su familia. Diagnóstico de prediabetes. No aceptó fácilmente su enfermedad. Luchas iniciales para mantenerlo a raya.

DT: La enfermedad puede controlarse e incluso invertirse tomando medicamentos para la diabetes y haciendo cambios en el estilo de vida. En su caso empezaremos con goteros de insulina, pero en dosis muy limitadas. Con la ayuda de la informática, le explicaré cómo puede administrársela usted mismo, o alguien en casa de un familiar. Es muy básico, sólo hay que seguir el procedimiento.

DT: Existen varios tipos de insulina en el mercado. Cada tipo empieza a actuar a un ritmo diferente, lo que se conoce como "inicio", y, en lo que se conoce como "duración", el tiempo que hace efecto también varía. La mayoría de los tipos de insulina alcanzan un pico, que es cuando tienen el efecto más potente. Después del pico, los efectos de la insulina desaparecen en las horas siguientes.

PA-87 cada vez colaboraba más. Pensaba que el cambio en sus hábitos de vida desde que había llegado a Middle era la verdadera y auténtica causa de la enfermedad, que su estilo de vida era mucho más sano cuando vivía en su propio país. Fue explicando su punto de vista, mientras el DT preparaba los botiquines.

Era una persona muy amable, de las pocas que antes de entrar en la consulta, cuando se me presentó, me dio las gracias por estar allí para ayudarle, porque decía que por ahora su inglés era muy pobre.

En casa era su mujer la que manejaba el idioma local para sus necesidades o cuando le acompañaba, pero hoy había preferido no estar con él, tanto su mujer como su hija, aunque le apoyaban al 100% e iban a cuidar de su salud.

Decía que en realidad no se sentía muy gordo, sí, había engordado, pero su sensación general no era mala, y que comer le resultaba agradable, en el sentido de que siempre estaba de buen humor y, sobre todo, porque engordar no le privaba de agilidad ni de actividad en su vida.

Era un hombre de negocios, o al menos su forma de hablar era la de un hombre muy acostumbrado al mundo de los negocios. Explicaba que su vida profesional también había cambiado un poco al llegar a este país.

Se refería a que (presumiblemente) habían abandonado su país por motivos políticos (no sé exactamente cuáles) y que su estatus allí era muy favorable, pero en Middle tenían que empezar de cero y, bueno, pensaba que también podía haber cierto grado de culpabilidad en sus nuevos hábitos de vida y en el clima, que, por cierto, era mucho más frío y duro.

La DT no estaba muy dispuesta a seguir este razonamiento (ya habían tenido una sesión anterior) y hoy quería centrarse en el tema principal de instruir sobre cómo utilizar el inyector para iniciar el disparo.

La DT me miró y me dijo que repitiera este punto, porque saber manejarlo era esencial, aunque era fácil, al principio, ella sabía por su propia experiencia anterior, que muchas personas no lo usaban bien y claro, si no se manejaba correctamente, perjudicaba el tratamiento. Era fundamental fijar este aspecto en la sesión de hoy.

PA-87 continuó con su propio análisis, haciendo varios comentarios. Había una buena conexión (con el informático), era una persona muy franca y directa en lo que decía, y olía muy bien, hay que decirlo, desde que entró en la sala, el olor de su perfume impregnaba el ambiente de la sala.

Nunca había conocido a un paciente que desprendiera un aroma tan fuerte y agradable. Si no fuera por mi trabajo y mi educación, le habría preguntado qué marca utilizaba y la cantidad, porque podíamos olerlo desde lejos, adivinando su presencia.

Pero como esta cuestión no es prioritaria, volvamos a lo que nos preocupa. Llegaron las instrucciones directas sobre cómo utilizar el inyector. Hoy le inyectarían por primera vez y al mismo tiempo le explicarían cómo tendría que hacerlo en casa en el futuro.

DT: Esto es un inyector. Un inyector de insulina es más o menos como un bolígrafo, pero la punta es una aguja, como puedes ver (mostrándole el inyector). Algunos inyectores de insulina vienen llenos de insulina y son desechables. Estos tienen espacio para un cartucho de insulina que se inserta y se sustituye después de su uso.

Los inyectores de insulina son más fáciles de usar que las jeringuillas y las agujas. Cada tipo de inyector tiene características diferentes que pueden ayudar con las inyecciones. Este inyector reutilizable tiene una función de memoria, que puede recordar las cantidades de dosis y el momento de cada inyección.

· · · ·

PA-77.

El objetivo de la sesión era que el PA-77 (paciente con diabetes) supiera cómo utilizar los dispositivos electrónicos en casa (automonitorización), cómo hacerlo y cuándo tendrá que volver a la clínica con los resultados. Se trataba, en efecto, de una cuestión crítica para el seguimiento de la enfermedad y su progresión o tratamiento.

DT: La percepción individual del riesgo podría mejorarse utilizando mediciones complementarias de la presión arterial tomadas fuera del entorno clínico, como las lecturas domiciliarias o ambulatorias. Las lecturas domiciliarias de la presión arterial contribuyen entre un tercio y la mitad de la lectura ambulatoria.

DT: Al proporcionar un método barato y cómodo para aumentar el número de lecturas, la monitorización domiciliaria tiene el potencial de reducir el error en la evaluación de la presión arterial actual del paciente, que probablemente sea alto si sólo se utilizan unas pocas lecturas clínicas.

PA-77 era un hombre adulto, de unos 65 años, con un aspecto de salud frágil. Apenas hablaba, escuchaba las orientaciones del DT, mis traducciones, luego asentía y esperaba los pasos prácticos que le ayudarían a hacer un seguimiento correcto en casa, ya que era la primera vez que haría el autocontrol.

¿Con qué frecuencia deben tomarse las lecturas?. Es conveniente tomar lecturas tanto por la mañana como por la noche, tanto para detectar fluctuaciones diurnas de la tensión arterial en el estado no tratado como para evaluar el ajuste del tratamiento en pacientes que toman medicación.

La optimización consistiría en realizar tres lecturas consecutivas por la mañana y tres por la tarde 3 días a la semana durante al menos 2 semanas. También sería útil obtener algunas lecturas los días de fin de semana. El médico no proporcionó un formulario al paciente, ya que este dispositivo almacenará todos los datos y el médico podrá comprobar los resultados.

El médico explicó (en su generalidad) ensayos N-de-1 para determinar el tratamiento óptimo. Una posible forma de mejorar el control de la hipertensión con los fármacos disponibles para el tratamiento es utilizar la monitorización domiciliaria para realizar ensayos "N-de-1", en los que cada paciente recibe varios fármacos diferentes administrados de forma secuencial.

DT: Dado que los fármacos individuales varían en el tiempo necesario para lograr su efecto completo sobre la presión arterial, es probable que se necesite un mínimo de 3 semanas para probar cada fármaco.

Es probable que la aplicación de la automonitorización mediante dispositivos electrónicos para la evaluación rutinaria de la PA de los hipertensos proporcione variables valiosas y agilice el seguimiento de la enfermedad (sin necesidad de realizar visitas clínicas periódicas).

• • • •

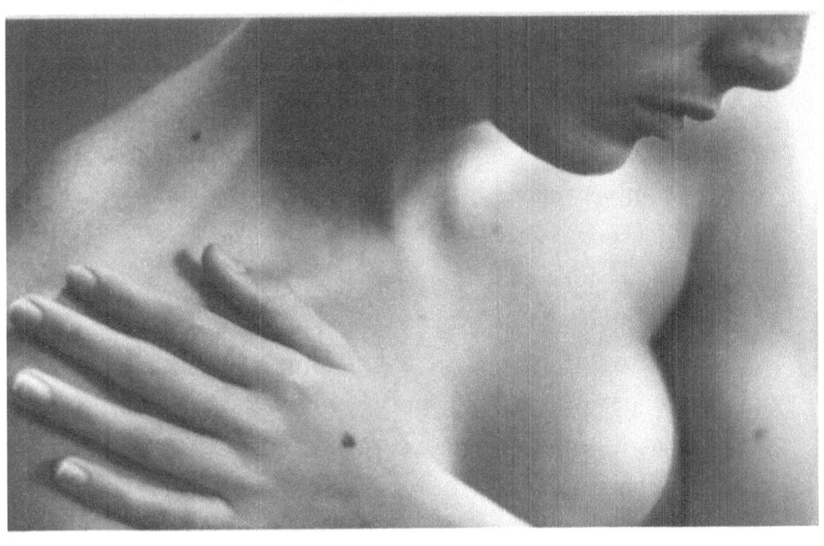

• • • •

Empezaremos con los comprimidos de metformina, que también se presentan en forma líquida. La metformina ayuda al hígado a producir menos glucosa y al organismo a utilizar mejor la insulina. Este medicamento puede ayudarle a perder una pequeña cantidad de peso.

Otros medicamentos orales actúan de distintas formas para reducir los niveles de glucosa en sangre. La combinación de dos o tres tipos de medicamentos para la diabetes puede reducir los niveles de glucosa en sangre con más eficacia que la toma de un solo medicamento. Seguiremos trabajando en esta línea.

El médico se levantó y le indicó los pasos a seguir a PA-77, que ya había empezado a instalar el dispositivo en el cuerpo de la paciente, que debía irse a casa con él puesto y guardarlo para el seguimiento oportuno.

Se dieron las explicaciones, la PA parecía ahora más segura sobre cómo utilizar el dispositivo y la sesión llegó a su fin, con el propósito básico cumplido con la ayuda del informático.

Para concluir, he aquí algunas indicaciones teóricas que el médico pronunció antes del cierre definitivo:

DT: La presión arterial durante el día también se ve afectada por el estado afectivo, ya que la mayoría de los sentimientos elevan en cierta medida tanto la presión arterial sistólica como la diastólica. El estado afectivo también puede influir en la tensión arterial de los hombres/ mujeres con ocupaciones profesionales de forma diferente a la de los hombres con ocupaciones no profesionales.

DT: También se ha observado que el aumento de sal en la dieta incrementa la presión arterial ambulatoria media diaria. Sin embargo, la cantidad de sal en la dieta puede afectar a la varianza dependiente de la actividad de la presión arterial durante el día. Así pues, factores como el sexo, la época del año, la dieta y la clase social deben tenerse en cuenta a la hora de evaluar las mediciones de la presión arterial ambulatoria en busca de patologías.

La doctora elaboró incluso tablas indicativas basadas en estudios de seguimiento con algunos de sus pacientes de larga data. Obviamente, el DT dio instrucciones explícitas para el uso de la PA-77.

Para tener un control adecuado de esta enfermedad, se debe realizar un automonitoreo constante de las variables glicemia (nivel de azúcar en la sangre) y presión arterial a través de metodologías estandarizadas como el glucómetro y el tensiómetro comercial.

El dispositivo incorpora un diario que permite al usuario llevar un registro manual de cada medición realizada. El dispositivo lleva una memoria de datos que se descargan en un ordenador mediante un software propietario específico asociado al equipo médico implantado.

PA-77 también hizo algunas preguntas muy rápidas:

¿Con qué frecuencia debo medirme el azúcar en sangre?. ¿Qué significan estas cifras?. ¿Existen patrones que muestren que necesito cambiar mi tratamiento para la diabetes?. ¿Qué cambios serán necesarios en el futuro en mi plan de tratamiento de la diabetes?.

DT: No olvide nunca que controlar su glucemia con regularidad es lo más importante que puede hacer para autocontrolar su diabetes.

DT racionalizó sus respuestas y las desvió hacia la utilización del glucómetro. PA-77 se mostró confiado con las respuestas.

. . . .

PA-80.

Había muchos pacientes diabéticos que, tras las citas para el seguimiento más básico y la vigilancia y prevención de la enfermedad, eran remitidos a especialistas en dietética.

El seguimiento fue muy directo, es decir, preguntas referidas a los menús diarios de la PA-80, notas descriptivas del DT, para su seguimiento en las visitas de control, y consejos o recomendaciones sobre los cambios a realizar en su dieta diaria.

DT: Vamos a estructurar las comidas por días. Si no recuerdas un menú, no pasa nada. El objetivo es determinar tus hábitos alimenticios más evidentes y establecer en sustancia los ingredientes que debes evitar en tu dieta.

PA-80: Está bien.

DT: Empecemos. Qué consumiste el lunes, para desayunar, comer y cenar.

La consulta se reiteraría durante los siete días de la semana. El DT anotó todos los comentarios, salsas, desayuno, café, té, todo lo que se decía valía. Todo lo que se decía tenía relevancia y era pertinente desde el punto de vista dietético y de control para los próximos meses.

PA-80 parecía tener un patrón de comidas repetitivas y constantes al menos tres días a la semana, incluidos sábados y domingos, en los que su familia siempre comía más o menos lo mismo. Supuse que era un factor cultural.

El alimento complementario de las comidas del mediodía durante casi el 90% de los días fue el arroz. Desde el principio, el DT hizo hincapié en la importancia de este ingrediente, al contrario que los PA-80, que lo consideraban irrelevante, es decir, era su rutina hacer uso de él en sus comidas.

La DT también quería más detalles sobre el tipo de arroz que comían, si era de un país determinado, si era blanco o integral, si había otras variedades y cómo se cocinaba. Con especias, solo, cómo se cocinaba, si se mezclaba con otros ingredientes o, por supuesto, la cantidad de sal u otros añadidos. Lo pedía y exigía todo con detalle.

La DT era bastante joven, de unos 35 años, llevaba el pelo recogido y llevaba un vestido floreado que le ofrecía un aspecto muy profesional, inspiraba confianza en sus consultas, seguridad en la forma de llevar la charla. Se notaba que sabía lo que hacía, a dónde quería llegar con su investigación y los resultados deseados.

PA-80 reconoció que ponía mucho arroz en la mesa en la comida y en la cena. Comía mucho y siempre repetía. Lo comentaba con aire de convicción, es decir, como si supusiera que todo el mundo hacía lo mismo, como si no concibiera otra forma de acompañar la comida. Era evidente que ese plato era habitual en su dieta desde hacía mucho tiempo.

La DT dijo que se trataba de un aspecto muy importante, que volveríamos sobre ello, pero que para entrar en más detalles, tendría que dejar de consumir arroz. PA-80 se echó hacia atrás en su silla (estaba sentada frente a mí) y suspiró incrédula. Era como si el DT le hubiera dado un puñetazo en el estómago (en sentido figurado, claro).

La DT se dio cuenta de la circunstancia y suavizó su comentario al instante:

DT- No se preocupe querida señora, no quiero decir que le vaya a prohibir comer arroz para siempre, lo que quiero decir es que va a tener que reducir la cantidad de arroz que come de forma habitual.

No te preocupes, podrás seguir tomando arroz y comiéndolo a menudo, pero sí necesito, y tu cuerpo te lo pide, que controles la dosis, no se trata de eliminarlo, se trata de llevar un control de la cantidad de arroz que comes.

Por ejemplo, si tomaba tres raciones en la comida y dos en la cena, ahora tendrá que tomar una ración en la comida y otra en la cena.

Hay que ir reduciendo la cantidad ingerida poco a poco, hasta que en un tiempo prudencialmente corto, te sientas cómodo tomando ese alimento que te gusta pero en una cantidad muy reducida. Esto se repetirá también con otros alimentos que pueden afectar a tu salud.

Proseguimos con las descripciones de los menús propuestos de los PA-80. Había un poco de todo, se podría decir que tenían unos hábitos alimenticios bastante equilibrados, centrados sobre todo en la carne. Había poco pescado y mucha comida precocinada que se metía en el microondas. La PA parecía feliz hablando de menús, intuí que le gustaba cocinar.

DT: Mira, este es el libro que te voy a sugerir como referencia, sobre menús para diabéticos. Lo recomendamos encarecidamente a todos los PA que vienen con estos trastornos diabéticos, es realmente bueno, gran diversidad de menús y la cantidad adecuada a tomar, incluye fotos.

Evidentemente, cuando elabore un menú que no aparezca aquí deberá dejarse guiar por otro similar. La idea es mantener la cantidad bajo control.

Había un tema que algunos DT's me habían comentado anteriormente y, a la vez, que yo había observado en estos casos, la relevancia de que el PA dijera la verdad al hablar de su comida, no mintiendo con los menús, de lo contrario, no se le podría hacer un seguimiento correcto.

De todas formas era un tema complejo, los DT siempre desconfiaron de la veracidad de la información, sobre todo de los PA que asistían por primera vez, supuestamente era una cuestión de confianza inicial.

Comía mucha carne, decía, sobre todo el típico filete de cerdo frito, a veces con ternera (carne roja). Comía mucha pasta por las noches con una mezcla de salsas. Siempre comía al menos dos platos.

Los viernes comían pizza, su hijo decía que le gustaba mucho, ella también tenía su parte, pero menos que su hijo. Ella bebía poco alcohol, de vez en cuando cerveza y vino con las comidas. Le gustaban los martinis (no dijo cuánto bebía). Se programó una cita para un mes después, para ver la evolución de su dieta.

· · · ·

PA-00.

Paciente: una señora mayor. Diagnóstico: Retinopatía diabética (ojo derecho afectado). A la señora se le diagnosticó diabetes, pero en una fase muy avanzada.

Conceptos clave sobre la retinopatía diabética tratados en esta consulta:

- Por qué es importante la retinopatía diabética. La retinopatía diabética se desarrolla con el tiempo, pero puede no causar síntomas hasta que está muy avanzada (el caso que nos ocupa).

La retinopatía diabética puede dañar la vista y sigue siendo una causa muy importante de ceguera en la población activa.

DT: Hay que cuidar la diabetes para reducir el riesgo de desarrollar retinopatía diabética en el otro ojo y ralentizar el ritmo al que se produce. No podemos permitir que acabe afectando al otro ojo. Eso supondría un alto riesgo.

Los signos y síntomas de la retinopatía diabética se explicaron de la siguiente manera:

Las primeras alteraciones se denominan retinopatía de rebote. Se producen pequeñas alteraciones en los vasos sanguíneos que parecen pequeños puntos rojos. Se denominan microaneurismas.

Los puntos rojos de mayor tamaño se denominan hemorragias retinianas. Se encuentran en el interior de la retina y son como un hematoma en la piel. La retinopatía de rebote no afecta a la visión y no necesita tratamiento.

Con el tiempo, los vasos sanguíneos pueden estrecharse y la retina puede quedar privada de oxígeno y nutrientes. En las distintas fases de esta progresión pueden observarse distintos signos en la retina. Es lo que se denomina retinopatía preproliferativa.

La mujer ya había sido remitida al hospital para someterse a otras pruebas durante las últimas semanas, en las que se habían detectado signos de la enfermedad (en el ojo).

El médico dijo que se examinaría el estadio de la enfermedad para ver si se podía utilizar el tratamiento con láser para reducir el riesgo de pérdida de visión. Esta técnica se utilizaba en este hospital, pero había que realizar algunas pruebas, porque siempre se aplicaba en las fases iniciales, no todos los pacientes eran aptos para su aplicación.

La aparición de la retinopatía está directamente relacionada con el tiempo de evolución de la enfermedad y el control metabólico. Estas alteraciones de la microcirculación retiniana provocan dos fenómenos fisiopatológicos: el cierre capilar con la consiguiente isquemia o la extravasación del contenido intravascular al estroma causando edema.

La DT aborda el otro aspecto relevante de considerar la retinopatía diabética como un marcador del estado de salud del paciente diabético. La presencia de retinopatía diabética proliferativa indica que el paciente presenta un mayor riesgo cardiovascular.

El oftalmólogo iba a revisar al paciente, ya que era imprescindible una clasificación de la gravedad de la RD, válida tanto para él como para los demás médicos que pudieran tratar la retinopatía diabética de la PA.

De momento, DT le mostró algunas fotos de ojos, como orientación y explicación teórica. En una de las fotos aparecían hemorragias retinianas de menos de 20 en los cuatro cuadrantes (según sus palabras). En la otra foto, las alteraciones eran graves hemorragias intrarretinianas de más de 20 en cada uno de los cuatro cuadrantes (más graves).

Ahora le harían unas pruebas. Cuando terminara podría marcharse, la volverían a llamar para una revisión, el análisis de los resultados y, posteriormente, una decisión sobre el tratamiento o los pasos a seguir. La mujer parecía serena y tranquila. La acompañaba un hijo mayor.

PA-09.

Este es uno de esos casos que demuestran que los médicos tienen razón cuando afirman que la mayoría de los pacientes mienten cuando se les pregunta por su historial médico y/o sus medicamentos. Se trataba de un hombre que debía someterse a una operación de "galstones". Daba la impresión de mentir mucho, ya que se había sometido a muchas operaciones en su país de origen, pero no lo mencionó.

El DT tenía la ficha de su paciente, remitida presumiblemente por el médico de atención primaria y, por lo que pude entender, estaba verificando los datos cara a cara con el paciente. No hay que olvidar que se trata de un preoperatorio, es decir, se contrastan los datos del paciente, y luego, tendrá que volver otro día con cita previa (como es lógico) para someterse a la cirugía.

Bien, el DT comenzó con sus preguntas, principalmente relacionadas con cirugías anteriores realizadas por el paciente. El paciente dijo en teoría que su único problema eran los "galstones" de los que se iba a operar, pero después el DT insistió.

El PA-09 reconoció que se había sometido a otra intervención quirúrgica en su país de nacimiento, que aunque no entendí bien por qué, tenía relación con la que se le iba a practicar, en principio por la zona afectada, que estaba muy próxima a la que ahora habría que intervenir.

No hay que olvidar que, en la mayoría de los casos, estas sesiones se organizan sólo para eso, es decir, para que el cirujano pueda estar seguro de que no existen riesgos adicionales antes de la intervención.

El DT siguió con sus preguntas y, ahora sí, tras ser presionado de nuevo, el paciente admitió que también había pasado por el quirófano en su país debido a una lesión de rodilla, un accidente que no pudo describir, pero la operación sí se produjo.

PA-09: sólo fue una intervención menor. Ya ni me acuerdo.

El DT pidió al PA-09 que se quitara la parte superior de la ropa y que, por favor, se sentara en la camilla junto a nosotros. PA lo hizo de buena gana. El DT había corrido la cortina y podía oír y traducir correctamente, pero ahora no podía ver a PA-09 sin parte de su ropa.

Después de una rápida revisión, el DT preguntó al PA-09 qué eran unas marcas que tenía (no sé exactamente dónde), volvió a hablar titubeando, pero finalmente admitió que eran marcas de otra cirugía que también le habían hecho en su país, dijo que se le había olvidado hacérsela, ahora se acordaba.

Aunque no pude ver al PA-09 y la ubicación de sus marcas, pude intuir por los comentarios del DT que no le gustaba el escenario, al desconocer el procedimiento quirúrgico, porque estaba muy cerca de la zona que iba a ser intervenida. El PA-09 respondió con citas rápidas, empezaba a inquietarse. El AP quería a toda costa pasar por quirófano cuanto antes.

• • • •

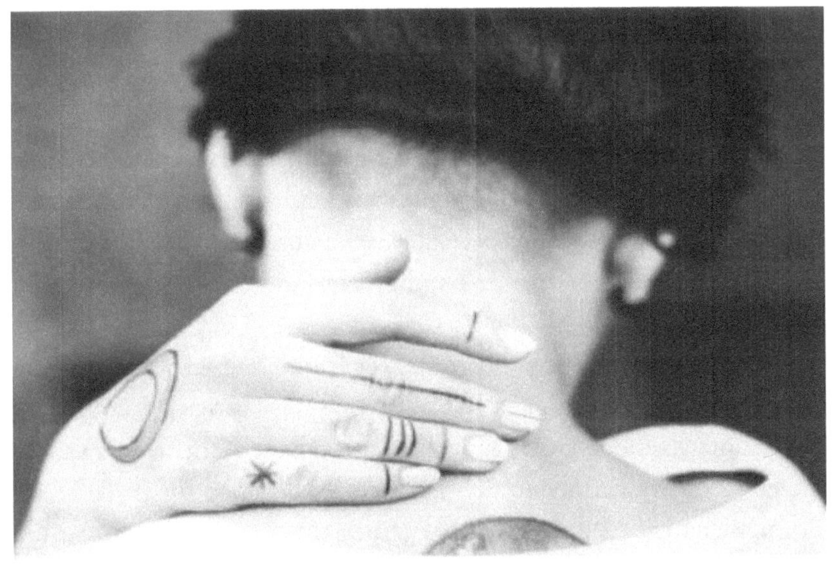

· · · ·

Preguntaba cuánto tiempo de recuperación iba a necesitar. Le preocupaba estar disponible de inmediato, ya que no quería perder la confianza de su jefe faltando demasiado tiempo al trabajo. El DT siguió revisando el historial reciente, incluidos los análisis de sangre y demás, escuchó las palabras del paciente, pero no reaccionó por el momento.

En mi opinión, estaba revisando cuidadosamente todos los datos para asegurarse de que estas cirugías desconocidas no afectarían al proceso pendiente con los galstones.

Finalmente, levantó la cabeza y respondió a PA-09 sobre el tiempo de recuperación. PA-09 se mostró descontento porque era demasiado tiempo y dijo que no podía esperar tanto, que habría que hacer algo.

Para entonces PA-09 ya estaba vestida de nuevo y la cortina se había corrido, así que mi tarea volvía a estar donde empezó, los tres sentados alrededor de la mesa.

Ahora venían las comprobaciones de la medicación que tomaba, había un buen surtido de pastillas. Sin embargo, había un par de ellas, que aparecían en el informe y que, al principio, el PA-09 no mencionó, luego reaccionó ante la insistencia del DT y dijo que era cierto que tomaba lo que decía que tomaba, que se le había olvidado explicarlo la primera vez.

En estos casos, hay un esfuerzo extra para el IT, me refiero a que la PA-09 contesta, pero el DT sigue insistiendo en la pregunta (la hace dos veces) porque quiere pillar a la PA-09 en un error (el DT tiene delante el historial del médico de familia), entonces se produce un escenario extraño para el IT.

Hay que repetir la pregunta y más que traducir (que ya lo habías hecho) hay que exigir a la AP-09 que diga la verdad, lo que puede levantar la ira de la AP, aunque la circunstancia crítica tenga su origen en la mentira u olvido del paciente (es un poco difícil de creer que alguien olvide 3 cirugías en su cuerpo).

El DT llamó durante unos minutos, salió de la habitación y nos dejó solos. El DT volvió durante unos minutos, hizo una llamada cuando volvió a entrar y, tras un breve silencio, dijo que todo estaba en orden y que la fecha de la operación sería la semana que viene (estábamos a viernes).

Confirmó con el paciente su disponibilidad para la fecha propuesta y me pidió que pusiera al día al PA-09 sobre los detalles dietéticos (alimentación) que debía seguir antes de acudir al hospital el día de la intervención. También se le preguntó si iba a precisar IT antes de la intervención.

Las opciones de tratamiento para los cálculos biliares incluyen (dijo el DT con expresión amable):

Cirugía para extirpar la vesícula biliar (colecistectomía). Puede recomendarse la extirpación quirúrgica de la vesícula biliar (este es el caso), ya que los cálculos biliares reaparecen con frecuencia.

Una vez extirpada la vesícula biliar, la bilis fluye directamente del hígado al intestino delgado, en lugar de almacenarse en la vesícula. La vesícula biliar no es esencial para la vida y su extirpación no afecta a la capacidad de digerir los alimentos, aunque puede causar diarrea, que suele ser de corta duración.

Cuando PA-09 se despidió, me dio las gracias por mi ayuda. No sé si tenía lagunas de memoria o algún otro problema para recordar su historial médico, pero como personaje, era realmente una persona muy amable y educada.

No paraba de reiterar en voz alta que ese largo postoperatorio no iba a ser aceptable, que tenía que estar en el trabajo en unos días y que no lo iba a permitir. Hubo algunas risas mutuas y le deseé una pronta recuperación.

· · · ·

PA-62.

· · · ·

Se asoció con su mujer. Tenía unos 50 años. En silla de ruedas, debido a la movilidad restringida de su rodilla. Consideraba que podía desplazarse con muletas, pero utilizaba la silla de ruedas en el Hospital, con mucho espacio en los pasillos, porque le resultaba más práctico y rápido desplazarse.

Había sufrido un accidente de moto. Su pierna quedó atrapada y la parte que se rompió fue la rodilla. Varias lesiones importantes. Llevaba algún tiempo en casa, ahora volvía al hospital simplemente para concertar la cita que le habían dado, ya que iba a ser operado en breve, serían unos días de espera.

Se había dañado el ligamento interno de la pierna derecha.

DT: Aunque la duración de la cirugía puede variar en función de algunos factores (si tiene reconstrucción de menisco o un problema condral), lo habitual es que una cirugía de ligamento cruzado no dure mucho más de una hora.

DT: Y, aunque depende de que todo vaya bien, lo más habitual es que te puedas ir a casa el mismo día (si no hay complicaciones y no tienes patologías asociadas).

También le dijeron cosas como:

-Usted no es un sujeto pasivo del proceso. Tienes que participar con el equipo quirúrgico en todo momento.

A él y a su esposa les complació escuchar estos y otros consejos preparatorios que, aunque obvios, siguen siendo pertinentes:

- Manténgase activo y practique ejercicios de fortalecimiento. Cuanto mejor sea su condición física el día de la operación, más fácil le resultará la rehabilitación posterior. Cuide su alimentación e intente mantener su peso dentro de unos niveles saludables para su estatura y edad.

- Busque apoyo familiar o externo para su estancia en el hospital y para los primeros días de recuperación tras el alta.

- Prepárese para su vuelta a casa eliminando posibles obstáculos en su hogar (alfombras, cables, etc.) e intente encontrar una cama alta y un asiento alto y estable.

- Si tu casa tiene varias plantas, intenta instalar la cama en la más baja.

- Prepare la ropa y el calzado que llevará al hospital. Lleve ropa cómoda y zapatos cerrados y sin tacón. No olvide un neceser para la higiene personal y efectos personales que utilice habitualmente como gafas, audífonos, prótesis dentales, etc. No lleve objetos de valor y recuerde tomar su medicación habitual.

-No podrá comer nada entre seis y ocho horas antes de la operación. No podrá beber ningún líquido en las dos o tres horas anteriores a la intervención.

DT: Es bastante normal tener una movilidad limitada de la rodilla debido a la inflamación y al dolor después de la cirugía, y recuperar ese movimiento completo de la rodilla (especialmente la extensión) puede ser a veces excesivamente problemático. Por lo tanto, recuperar la mayor amplitud de movimiento posible antes de la cirugía es de sumo interés.

DT: No abandones la fisioterapia hasta el último día, llegarás al quirófano en las mejores condiciones: marcha normal, sin hinchazón, sin dolor, con plena movilidad y una musculatura en mejor forma, perfecta para comenzar la rehabilitación postquirúrgica de la mejor manera posible.

Por un momento me pregunté si yo fuera el paciente, también me gustaría escuchar este tipo de sugerencias. A veces los detalles pueden marcar la diferencia en la preparación o el progreso de un procedimiento quirúrgico, los detalles son real y verdaderamente cruciales.

. . . .

PA-72.

Las citas que tenía en este hospital eran todas muy temprano, sobre las 6.30 de la mañana, para empezar a las 7 de la mañana. Recuerdo la entrada al hospital desde el centro de Middle, relativamente sencilla, con un enorme camino de entrada recto. El hospital está bien comunicado por transporte público, el autobús, pudiendo llegar desde Middle y alrededores con un solo transbordo.

La zona siempre estaba fría por la mañana, muy fría en los amaneceres de invierno. Pocos visitantes a esas horas, así que accedí siguiendo la carretera desde el centro del pueblo.

El tráfico era siempre muy denso en esta zona. Buenas casas que daban un aire austero y de clase media a la zona, para desembocar en el hospital situado a la salida del pueblo tuve que buscar el lugar por mi cuenta, siguiendo las indicaciones, en la segunda planta pude acceder sin muchos alardes después de varios rodeos habituales cuando vas por primera vez.

Seguía sin haber nadie. La puerta de acceso a la Sala estaba cerrada, había un aviso de que había que llamar al timbre. No había sillas ni nada, yo estaba de pie en las escaleras laterales esperando. En menos de 10 minutos llegaron algunas personas y miraron dentro sin llamar mientras tanto.

Antes de las 7 de la mañana, una enfermera abrió la puerta e interrogó a todo el mundo sobre el motivo de la visita. Luego volvió a cerrar la puerta. Me reconocí, había unos tres informáticos más de otros idiomas.

La sala estaba recuperando su actividad matutina y sería cuestión de esperar mi turno para ver qué AP me tocaba. Se trataba del preoperatorio del mismo día. No se introducía ningún dato en el historial, sólo el horario. La privacidad era total.

Tuve que esperar en una sala contigua. La enfermera necesitaba tiempo para averiguar cuál era mi PA. La habitación era fría, solitaria, no había nadie, sólo instrumental médico y algunas camillas a un lado. No había comodidades. Daba un poco de miedo quedarse solo.

Me invitaban a pasar a la sala contigua. Aquí había varias camillas con PA separadas sólo por cortinas, en la misma salida. La enfermera me dijo que la camilla junto a la ventana era mi PA-72, que debía esperar dos minutos de pie, que el DT vendría y me explicaría lo que debía hacer.

El DT llegó casi al instante, me dijo que sería sencillo, que hablaría con ella para el proceso preoperatorio que se realizaría esa misma mañana, quizás en unas dos horas, como es obvio tendría que traducir, se expondrían las pautas básicas del proceso, en qué consistía exactamente la cirugía y los riesgos.

Me pareció más o menos lo que esperaba, sólo que no sabía que el procedimiento era el mismo día, pero no creí que importara.

El DT dijo que una histerectomía es una operación para extirpar el útero de una mujer. El útero es el lugar donde crece el bebé durante el embarazo. La histerectomía interrumpe la menstruación y la mujer no puede volver a quedarse embarazada. En su caso, debido a la gravedad y, otras cuestiones ya mencionadas, también se extirpan las trompas de Falopio.

Entramos en las cortinas, la PA-72 estaba en la cama, de pie un joven de unos 20 años, que se presentó como su hijo. Las primeras formalidades del cuestionario las haría una enfermera, y luego estaría presente el DT, pero sin intervenir.

El hijo también estaría presente pero sin participar. Por cierto, la mujer estaba completamente despierta y hablaba con claridad. No hubo fallos de comunicación.

La PA-72 estaba muy motivada, me explicó de reojo con la mirada de su hijo, que llevaban mucho tiempo esperando la operación, que había sufrido mucho dolor y que esta cirugía era un milagro para ella. También me dijo que yo era una buena persona y que me daba las gracias por mi ayuda. Hizo algunas referencias religiosas dando las gracias y rezando con la cabeza alta.

Había mucho ruido de fondo, podía oír a otro informático en la cortina de al lado explicando y traduciendo, creo que era en polaco. Pude ver que habría varias cirugías y los médicos comenzaban su actividad con energía y rendimiento a estas horas de la mañana.

Me acerqué un poco más a PA-72 y ella aprovechó para cogerme de la mano, algo que me hizo sentir un poco incómodo. El hijo se dio cuenta, me miró y no dijo nada. En cuanto pude, retiré la mano. Sentía cierto dolor de cabeza, muy leve, quizá me había despertado demasiado pronto.

La enfermera me enseñaba el formulario y lo leía. Era un requisito obligatorio que había que explicar a la PA antes del procedimiento. Tendría que firmar el formulario y la parte final del consentimiento de riesgo. El PA-72 firmó sin dudarlo.

Se ha subrayado que la histerectomía es un procedimiento seguro y de rápida recuperación, aunque puede presentar algunas posibles complicaciones, como hemorragias, infección de la herida o lesiones en órganos vecinos, entre otras.

El DT describió más detalles sobre la intervención. Se realizaría a través de una de las vías de acceso habituales en ginecología. Se trata de una histerectomía abdominal con acceso a través del abdomen. Sería una cirugía abierta, que implicaría una amplia incisión de toda la pared abdominal transversalmente por encima del pubis. Se aplicó en este caso debido a la extrema gravedad.

La paciente presentaba hemorragia uterina y dolor pélvico constante desde hacía mucho tiempo, sin reacción al tratamiento farmacológico. No era de extrañar que estuviera contenta de que llegara el día de la intervención quirúrgica y librarse de ese dolor (como ella misma admitió).

Fue menos de una hora, quizás menos, el DT había hecho una explicación detallada pero rápida de todo. No había tiempo que perder, había muchos pacientes en otras camas que también iban a ser intervenidos esa misma mañana.

Intenté marcharme tranquilamente, no tenía nada más que hacer, todo había sido completamente cubierto y validado por la PA-72, ella sabía exactamente lo que tenía que hacer y cuál era el proceso.

4. Recogida de Pólipos Sospechosos

PA-28.

PA-28 dijo que era un recién llegado a *Middle*, que trabajaba en un restaurante como cocinero, y que sangraba por las heces. El médico le había recomendado una endoscopia para asegurarse de que no era nada peligroso. A este paciente le extirparon dos pólipos, como detallaré.

Si hay varios pólipos, se aconseja al paciente que vuelva otro día, y se procede con los otros (para evitar el riesgo de hemorragia). En cualquier caso, he tenido varios pacientes y ninguno de ellos estaba en este dilema (volver otro día).

Curiosamente, en el hospital donde hice mi trabajo, exigían que el paciente estuviera asistido durante todo el proceso (antes, durante y al final), o lo que es lo mismo, era necesario estar físicamente presente cuando se realizaba el procedimiento, por si había que explicarle algo al PA-28.

Estábamos en la sala de espera, PA-28 me preguntó qué decía el folleto que acababa de coger de la mesa sobre su intervención, y yo se lo traduje:

Estábamos en la sala de espera, PA-28 preguntó qué tenía que ver con su intervención el folleto que acababa de coger de la mesa, y yo se lo traduje:

La endoscopia es un procedimiento no quirúrgico utilizado para examinar el tubo digestivo de una persona. Mediante un endoscopio, un tubo flexible con una luz y una cámara conectadas, el médico puede ver imágenes del tubo digestivo en un monitor de televisión en color.

Durante una endoscopia digestiva alta, el endoscopio se introduce fácilmente a través de la boca y la garganta hasta el esófago, lo que permite al médico ver el esófago, el estómago y la parte superior del intestino delgado.

Del mismo modo, se pueden introducir endoscopios en el intestino grueso (colon) a través del recto para examinar esta zona del intestino. Este procedimiento se denomina colonoscopia, dependiendo de hasta dónde se examine el colon (ésta sería la prueba que pasaría la PA-28).

PA-28 pensó que estaba bien explicado, mejor que lo que le dijo la enfermera el otro día. Como había tiempo para esperar y como mostraba interés, le traduje más parte del folleto:

Los médicos suelen sugerir una endoscopia para evaluar:

- Dolor de estómago.

- Úlceras, gastritis o dificultad para tragar.

- Hemorragia del tracto gastrointestinal.

- Cambios en los hábitos intestinales (estreñimiento o diarrea crónicos).

- Pólipos o crecimientos en el colon.

El médico puede utilizar un endoscopio para tomar una biopsia (extracción de tejido) y detectar la presencia de una enfermedad. La endoscopia también puede utilizarse para tratar un trastorno del tubo digestivo.

Por ejemplo, el endoscopio no sólo puede detectar la hemorragia activa de una úlcera, sino que a través de él se pueden pasar dispositivos capaces de detener la hemorragia. En el colon, pueden extirparse pólipos a través del endoscopio para prevenir el desarrollo de cáncer de colon.

Por el momento, consideré que esta traducción era suficiente. La información leída reflejaba perfectamente la prueba que pasaría.

El PA-28 me habló de su vida pasada sin incitarme a ello. Mencionó su viaje a un país de Sudamérica y cómo, tras encontrar a una joven, se había casado y finalmente permanecido 15 años en ese país (que no era su país de origen). Ahora, había venido a Middle porque le habían ofrecido un trabajo en un restaurante como chef.

Me habló muy brevemente de la zona de Middle en la que se encontraba el restaurante y también compartió conmigo detalles de la cocina que allí se servía (en realidad, yo no había hecho ninguna pregunta).

Esto era bastante habitual, porque desde el momento en que llegaba el paciente siempre había un tiempo de espera para el reconocimiento de los formularios que daba tiempo a la conversación, lo que no siempre era fácil.

Le comenté que la enfermera nos había dicho que esperásemos en esta sala hasta nueva orden. Me dijo que su restaurante era bueno, que tenía platos caros pero que había buena clientela y que todo iba bien, aunque su sueldo tampoco era muy alto.

También dijo que estaba trabajando mucho y que quizá ese estrés le había llevado en cierta medida a tener ese malestar estomacal por el que ahora estaba en la clínica.

Por mi parte, me limité a asentir con la cabeza, apenas hablé, la verdad es que aunque siempre intentaba evitar familiarizarme con la AP en estos casos, poco podía hacer porque él tomaba la iniciativa y yo debía acompañarle mientras estaba en la sala de espera.

La enfermera me indicó que podíamos pasar a la sala contigua. Allí tomaría el laxante, se pondría la bata y tendría que responder a varias preguntas para rellenar el formulario. Así lo hicimos, primero fueron las preguntas y declaraciones, donde, como de costumbre, se le preguntó sobre la medicación, si la estaba tomando, diversos aspectos de este asunto, y luego se le hizo consciente de los riesgos que existían al realizar este procedimiento.

Después, se le informó de los riesgos que entrañaba someterse a este tipo de examen. Normalmente, esta parte se indicaba con calma y repetidamente, esperando a que el intérprete dejara muy claras todas las pautas.

El PA-28 tenía que confirmar que lo había entendido y finalmente tenía que firmar todo el formulario. En este caso, también tenía que firmar de forma obligatoria, en esa casilla tan sutil donde ponía intérprete.

Una vez hecho esto, nos llevaron a otra sala donde ya no estábamos solos, había otros pacientes esperando nuestro turno, todos con batas y listos para el procedimiento.

Aquí es donde se cambia de ropa y toma el laxante. Se toma para ayudar a limpiar la zona que se va a revisar. Como es de esperar, se tarda unos 30 minutos en tomar el laxante antes de que haga efecto. Durante este tiempo debo estar al lado de la AP.

Mientras PA-28 estaba en el baño, me senté en un sillón muy acogedor junto a otro paciente. Parecía estar solo y empezó a hablarme como si me conociera desde hacía mucho tiempo, contándome su nacionalidad, su nombre y lo que había hecho antes de venir al hospital, si había estado en Middle no sé por qué motivos personales.

• • • •

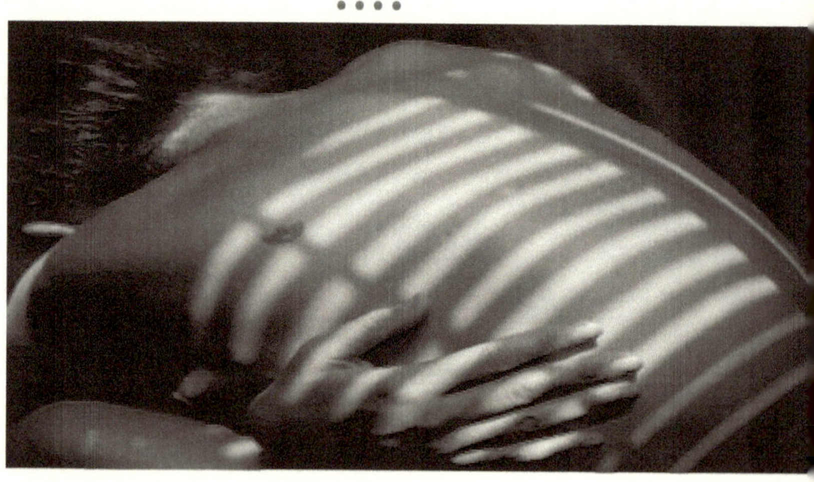

• • • •

Asentí con la cabeza y, por suerte, volvió la PA-28. Hablar con otros pacientes en este entorno no siempre es tranquilizador.

Me preguntaron si se encontraba bien y dijo que todo iba bien, que no sabía que la cita tardaba tanto. Ahora llevaba una larga bata azul. No sé muy bien por qué se la pusieron azul, pero era lo que había.

Me preguntó qué hacer ahora. Le dije que debía esperar a que el laxante hiciera efecto y luego seguir el procedimiento que ya se imaginaba.

Me miró fijamente y me dijo que sí, que por supuesto, que todo estaba en orden y que haría lo que fuera necesario. Le recordé que yo sólo era el informático y que todo lo que él decía era una traducción de lo que había dicho la enfermera, y que si lo prefería podíamos llamarla en cualquier momento, que para eso estábamos. PA asintió y se sentó en la silla de al lado.

Por mi parte, me entretenía hojeando algunas revistas. Había un montón de revistas de deportes, viajes, política y demás. Un montón de revistas variadas. PA-28 empezó a hablar de su vida otra vez (sin que yo le preguntara nada). Dijo que tenía 58 años, que estaba en una edad en la que las enfermedades empezaban a llegar, y que había que estar preparado.

Su mujer, dijo, se había quedado en el país donde él vivía desde hacía unos años, con su única hija de unos 15 años. Pero si todo iba bien, ella le visitaría muy pronto, se estaban preparando para viajar muy pronto, y que eso le hacía mucha ilusión porque la había echado mucho de menos a ella y a su hija desde que se había marchado.

Me decía que echaba de menos salir a bailar con ella los sábados, y que no podía olvidar a su hija, que era lo más duro de estar en el nuevo país, porque le gustaba su trabajo y el sueldo era decente.

Continuó diciendo que ahora vivía en Middle (no muy lejos de este hospital) y que compartía piso con otro hombre que también trabajaba en el mismo restaurante y que era de la misma nacionalidad que su esposa, aunque no tenían parentesco entre sí.

Me contó que la convivencia desde su llegada a Middle había sido fluida, su compañero de piso era un amigo y se entendían bien, pero claro, después de varios años viviendo con su mujer y su hija, el cambio había sido brusco, porque todo estaba completamente al revés.

Siguió con su historia, por mi parte, me limité a asentir con la cabeza y a mirar las fotos de tenis en una de las revistas, creo que eran del torneo Wimbledon Tennis de ese mismo año.

En ese momento, dado que aún no nos habían llamado y que él seguía con su historia familiar, decidí entablar un poco de charla con él. Le dije que hacía algún tiempo yo también había viajado un poco por Sudamérica y que casualmente conocía algo de la ciudad donde él había vivido. Mis palabras parecieron agradarle.

El paciente que teníamos al lado ya había sido llamado, lo qué me hizo pensar que poco a poco todo seguía su curso y que nosotros seríamos los siguientes. Tenía experiencia y sabía por mí misma que a veces podía tardar hasta 2,30 o incluso 3 horas dependiendo de diversas circunstancias.

Me dijo que le gustaba mucho la carne, se refería a la carne roja, que se preparaba de diferentes maneras. Los asados, las variedades al horno, asadas en las que podía entender que era bastante bueno preparándola, de ahí su trabajo. Pero ahora lo que intentaba decirme era que a él también le gustaba comer ese tipo concreto de comida.

Según pude entender por su forma pausada de hablar, era como si dejara en el aire la duda de si esta ingesta prolongada de alimentos podría estar afectando a la salud de su intestino, o al menos esa era la idea que pude visualizar, dado que es bien sabido que existen varios estudios desde hace años sobre este tipo de situación alimentaria, algunos estudios como es habitual son contrarios a su consumo excesivo y otros apoyan su consumo en sentido contrario.

Fue como si al hacer el comentario me diera tiempo a dar mi respuesta, como si indirectamente me estuviera preguntando qué pensaba al respecto. Le contesté que yo no estaba allí para hacer valoraciones dietéticas, que sólo era la intérprete, pero que si quería saberlo, de vez en cuando me comía un filete de ternera con patatas y que me gustaba, y que por el momento mi intestino estaba bien.

Sonrió suavemente y dijo: "Sí, sí, sí, por supuesto, un buen filete siempre va bien con un buen vino.

Empezó a preguntarme si alguna vez había tenido problemas de salud de este tipo. Le dije que de momento no, pero que estas cosas son bastante comunes hoy en día. De hecho, si lees cualquier artículo o revista sobre estos temas, podrás comprobar lo comunes que son estas enfermedades no sólo en Oriente Medio, sino también en otros países.

La concienciación sobre estos temas está aumentando desde el punto de vista social. El estrés, el ritmo de vida, la movilidad, los hábitos alimentarios, todo ello afectaba a nuestra salud. Intenté cambiar la conversación.

Me dijo que empezaba a sentir un cosquilleo en el estómago, que el laxante estaba haciendo efecto. Tenía que continuar el proceso. Se levantó y volvió al baño. Pude continuar con la revista de tenis, esperando que todo avanzara.

Al cabo de poco tiempo, el PA-28 reapareció, todo iba bien. La enfermera nos dijo que ya podíamos pasar a la sala de reconocimiento, donde se iba a realizar la prueba. Me sentí aliviado. Nos levantamos y fuimos a la sala, que estaba lejos, en un pasillo aparte.

Para evitar que los pacientes se perdieran y no tener que perder tiempo acompañándolos, habían ideado un sistema fácil, había una línea azul en el suelo, teníamos que seguir la línea y nos llevaría a la sala de rayos X. El PA-28 estaba ahora muy tranquilo y sin decir una palabra se dejó guiar por mí.

Llegamos a la sala, un médico estaba en la puerta, me presenté como el informático, me dijo cual debía ser mi posicionamiento y colocación a grandes rasgos durante el proceso y, le dijo al PA-28 que fuera a la camilla, que era naturalmente donde se realizaría la operación. Había más personal en la sala, dos mujeres y otro médico, en total 4 personas además de nosotros.

La sala se parecía a una sala de rayos X de la vida real, muchos aparatos, varias pantallas de PC o similares, una mesa de rayos X rodeada de todo tipo de instrumental que me resultaba desconocido, y un anexo muy grande donde las enfermeras y el médico preparaban sus utensilios y notas. Una de las pantallas estaba alineada con la del PA-28, es decir, colocada de forma que él también pudiera ver la intervención si lo deseaba.

Me explicaron a grandes rasgos lo que tenía que traducirle y le pidieron que se tumbara en la camilla. Me coloqué en la posición indicada, para no entorpecer el proceso. El PA-28 estaba muy tranquilo, escuchaba mis palabras y asentía con la cabeza.

Todo se desarrolló muy bien, había espacio suficiente y todos los presentes parecían saber lo que tenían que hacer. Todo muy profesional.

Comenzó el proceso. Se extirparon dos pólipos. Todo iba sobre ruedas. Nada fuera de lo normal, dijeron, para que la PA-28 estuviera tranquila. Se hicieron comentarios adicionales. PA-28 estaba tranquila, sin molestias.

Al final de los trámites, hubo que finalizar el proceso en otra sala. Otra enfermera explicó cómo estaban gestionando y completando el cribado de su caso, hubo que firmar otro documento de salida (en este caso no tuve que firmar) y se dieron las últimas pautas, en qué fechas recibiría el resultado y algunas preguntas adicionales.

El PA-28 estaba muy sereno y simplemente escuchaba mi traducción y asentía con la cabeza. En ningún momento se había quejado, ni dolor ni nada por el estilo, me aliviaba que todo fuera tan a las mil maravillas.

Se le indicó que la extirpación de los dos pólipos no significaba que tuviera nada grave. Los pólipos se extraían simplemente por precaución y para estudiar si eran benignos o no.

Ahora había que esperar a los resultados, pero siempre se hacía esta explicación (en otros casos también había hecho lo mismo), y se hacía porque cuando se les decía que se extirpaban pólipos, algunos pacientes asociaban que eso era señal de algo grave y, por supuesto, la obligación del profesional era ser claro al respecto.

En la mayoría de los incidentes, los pólipos provocaban la hemorragia (que, no lo olvidemos, era el motivo de esta acción), pero nada más, al extirparlos dejaban de sangrar. PA-28 captó perfectamente la idea y asintió con alivio y gratitud por la ayuda. Tenía un aire despreocupado.

Nos despedimos y tomamos caminos separados, tratando de ser discretos para evitar más intimidades con PA-28 y para evitar más charlas. PA-28 dejó caer una tarjeta en mi mano con la dirección de su restaurante sin mediar palabra, me la metí en el bolsillo, di media vuelta y me fui en dirección a la salida del metro.

• • • •

PA-26.

PA-26 llevaba dos años trabajando en *Middle, desde que* llegó de su país natal. Había estado sangrando al defecar, el médico le había recomendado una endoscopia. PA-26 era la primera mujer a la que había tenido que realizar una de estas sesiones.

Se reunió conmigo en la antesala, como de costumbre, pero apenas dijo una palabra, parecía bastante reservada, o simplemente prefería no decir nada. Me sentí muy cómodo, la distancia siempre es mejor, sin palabras familiares.

Fuimos a la habitación contigua. Estuve explicando a la enfermera los antecedentes (eran duplicados, pero según el DT todos eran necesarios para completar su expediente):

- Sangre roja brillante o muy oscura en las heces.

- Molestias abdominales, frecuentes dolores por gases, hinchazón, plenitud y calambres.

- Cansancio o fatiga constantes.

El DT observó que estaba muy seria. Siguió con la forma habitual de preguntas, y la firma final confirmando que todo había sido comprendido. Sin embargo, PA-26 quiso añadir algunos detalles.

DT: Es importante recordar que los síntomas y signos de cáncer colorrectal enumerados en esta sección son los mismos que los de afecciones no cancerosas muy comunes, como las hemorroides y el síndrome del intestino irritable (SII). Cuando se sospecha un cáncer, es más probable que estos síntomas hayan comenzado recientemente, que sean graves y duraderos y que cambien con el tiempo.

DT: Estando alerta a los síntomas o signos de cáncer colorrectal, puede ser posible detectar la enfermedad en una fase temprana, cuando es más probable que se trate con éxito. Sin embargo, muchas personas con cáncer colorrectal no presentan ningún síntoma o signo hasta que la enfermedad está avanzada, por lo que deben someterse a revisiones periódicas. De ahí la importancia de esta prueba. Recuerde que nunca debe pensar que tiene cáncer porque no lo tiene hasta que haya una confirmación completa.

Creo que hizo estas revelaciones porque vio que PA-26 parecía bastante tenso y preocupado. PA-26 escuchó, pero no dio muestras de alivio, sino que se mantuvo severo.

Fuimos al quirófano. Desde el principio me di cuenta de que no estaba en una posición cómoda. Dio varias vueltas antes de aceptar la invitación a tumbarse en la camilla. Permaneció en la posición indicada para la IT. PA-26, negaba con la cabeza y preguntaba por qué había tantos monitores. Dijo que pensaba que la inserción de la cámara se haría por la boca.

Se lo comuniqué a la DT. Se le aclaró que ya se le había explicado anteriormente. Su prueba era de inserción anal. Se le pidió que se pusiera en la posición correcta. Como parecía incómoda, repetí lo que se le había dicho mientras el DT me miraba. Se le pidió que no se moviera. La PA estaba muy incómoda.

Creo que tenía una imagen ligeramente alterada en la cabeza de cómo sería el proceso. Por su reacción, me di cuenta de que no estaba tranquila. El DT, que estaba al tanto de todo, hizo algunos comentarios para relajarla, cosas que no tenían nada que ver con la intervención, pero ella no reaccionó.

Seguía muy grave y giró la cabeza hacia mí dos o tres veces. Por orden del DT, le dije que se diera la vuelta completamente y que no se moviera, que mirara al monitor de su izquierda para poder seguir lo que le estaban haciendo y, por favor, que no se moviera. Que se relajara, que el proceso acabaría pronto.

No había pólipos que extirpar. Se le aconsejó que hiciera un seguimiento de la hemorragia (si había más) con su médico. El resultado fue muy positivo.

Fuimos a la sala de altas. Mantuvo una cara muy seria. Volvieron a recordarle que hiciera un seguimiento, pero le dejaron claro que no había pólipos. La enfermera le preguntó varias veces si estaba bien. PA-26 dijo que quería cubrir el formulario para irse porque tenía hambre. Como de costumbre, la ayudé a cubrir y a traducir las últimas preguntas.

Se fue de forma grosera, no hubo despedida. Vi que tomaba la dirección de salida equivocada, se lo hice saber y giré en sentido contrario para evitar el contacto. La verdad es que no sé exactamente qué le pasaba, porque el resultado había sido muy satisfactorio.

Era evidente que se sentía incómoda durante la sesión, era muy evidente que no era capaz de relajarse, pero mostraba que no era capaz de abrirse y expresar cuál era el problema, a no ser que se tratara sólo de un nerviosismo pasajero. Uno de los DT también tuvo estas percepciones y, me lo hizo saber. Me dijo que, durante el aclarado final, intentara averiguar cuál era su estado de ánimo.

Yo tampoco me encontraba en un estado de ánimo positivo. Intenté hablar con el DT durante unos minutos, recordando las ideas de la APS sobre la discusión de la aportación emotiva. Tras el compromiso con el paciente, el psicólogo debe ser consciente de que el intérprete puede haber encontrado áreas del compromiso conflictivas o angustiantes:

- Aunque es probable que tras la sesión se produzca un breve debate o debriefing, el psicólogo debe ser consciente de su responsabilidad ética respecto al bienestar psicológico del intérprete y del grado de apoyo que desea proporcionarle en estas circunstancias.

- El psicólogo puede proporcionar al intérprete algunos datos de contacto de servicios de apoyo si considera que el intérprete corre riesgo de angustia y necesitará ayuda. Si el intérprete ha experimentado algún tipo de angustia, es importante que el psicólogo sea consciente de que esto también puede afectar a la precisión de la interpretación de la consulta del cliente.

Fue una de las pocas pacientes que pude conocer en la calle por casualidad, quiero decir un día por casualidad. Fue un encuentro casual cerca de mi casa, acababa de salir de un supermercado y me di cuenta de que aquella mujer estaba frente a mí en la misma acera. Recordé su cara, sólo habían pasado unos días desde la visita médica.

PA-26 evitó el saludo, bajó la cabeza y no quiso saber nada de mí. Dudé, pero era demasiado evidente que no quería saludarme. Tal vez pensó que mi ayuda no era del todo correcta o tal vez estaba decepcionada con la atención médica, es difícil de decir.

En realidad, mi idea era saludarla y preguntarle cómo estaba, si se había recuperado, o simplemente despedirme, pero las cosas a veces son así, no hay por qué dar explicaciones. Me hubiera gustado saber qué pasaba por su cabeza.

· · · ·

PA-47.

· · · ·

Cuando me presenté se sorprendió y dijo:

¡Tú no eres negro! Y él se rió y dijo: " ¡Tú no eres negro!. Y se echó a reír. Yo también me reí, quitándole importancia al comentario.

Le dije: es posible que no haya ningún informático negro disponible, y volví a sonreír. Asintió, con un gesto muy agradable, y me tendió la mano.

Era para otra endoscopia. El proceso comienza, como es de esperar, con el papeleo y los formularios, para pasar después a las advertencias, explicando ciertos riesgos del procedimiento que el paciente debe aceptar (la labor del informático es muy crítica en este punto), para pasar después a la ingesta del laxante. Calculo una espera de unos 40 minutos dependiendo del número de PAs que haya en la sala.

Siendo un poco cotilla, diría, que esta fase es casi divertida, puedes compartir sala de espera con varios pacientes antes de que entren, vestidos con batas, zapatillas y caras de pocos amigos, poco menos que una obra de Vaudeville. Cada uno aguanta la espera como puede, una revista aquí y allá, o conversaciones varias, según el humor de cada uno.

. . . .

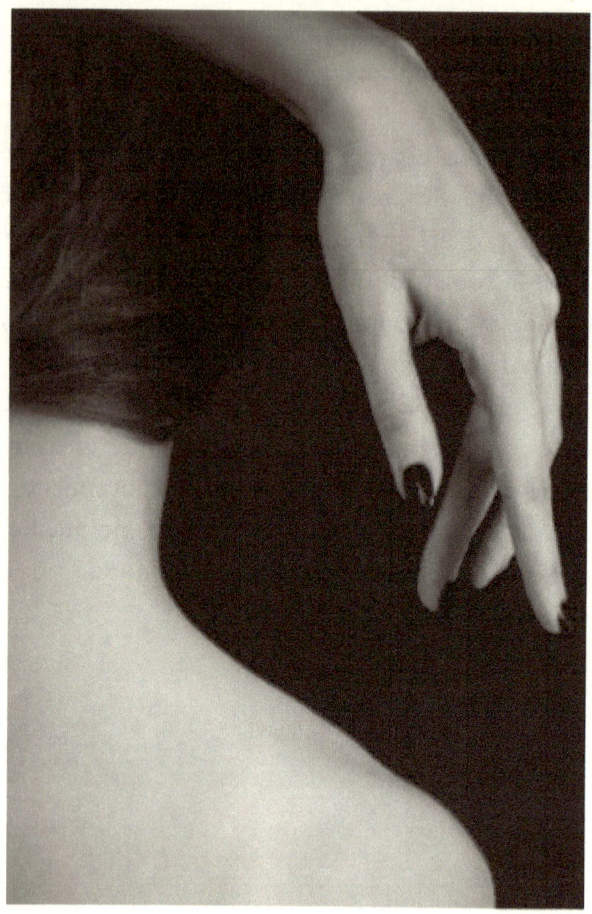

. . . .

Ahora viene el feedback médico, la enfermera haciendo preguntas sobre la historia clínica, aunque ya se ha hecho antes, ahora con la presencia del IT se pretende establecer los antecedentes del paciente, enfermedades, posibles cirugías anteriores, medicación, para llegar al punto clave, los riesgos de la endoscopia.

En esencia, no hay nada especial en esto, cualquiera que haya ido al dentista para que le extraigan un diente recordará que tiene que firmar sobre los riesgos de la extracción. Lo mismo ocurre en este caso. Por cierto, este formulario también debe ir firmado por el IT.

Hubo algunas aclaraciones de PA-47, pero no tocaron el proceso. Era un hombre con un largo historial médico. La enfermera le repitió que, por favor, dijera siempre la verdad porque si omitía algún problema de salud o intervenciones quirúrgicas realizadas que no estuvieran indicadas en el historial, esto podría repercutir en el proceso a realizar y aumentar el riesgo de situaciones secundarias no deseadas. El PA-47 sonrió y asintió.

Preguntó si tenía que seguir una dieta o algo así después del proceso, si el tema nutricional era importante. La enfermera le dijo que no era primordial, pero que como recomendación podía seguir lo siguiente (2-3 días):

DT: Después de una colonoscopia, es aconsejable seguir una dieta suave y ligera para facilitar la recuperación del tracto intestinal. Por ejemplo, caldo de pollo, arroz blanco, puré de patatas, yogur. Es importante evitar los alimentos pesados, picantes y fibrosos hasta que el tracto digestivo se haya recuperado por completo.

El tracto intestinal puede estar debilitado y la flora intestinal puede verse afectada debido a la limpieza necesaria antes del procedimiento. Es importante restablecer la flora intestinal para una recuperación óptima.

DT: Se recomienda que aumente gradualmente la cantidad y elección de alimentos en su dieta durante los próximos días, observando cómo reacciona su cuerpo. Si experimenta dolor abdominal, náuseas, vómitos u otros síntomas, consulte a su médico de cabecera antes de continuar con su dieta normal. Pero, en principio, no hay por qué preocuparse porque es probable que no haya efectos secundarios.

PA-47 Escuché los argumentos expuestos sin hacer más comentarios. De todos los casos a los que había asistido, yo era el primero que preguntaba por estas cuestiones dietéticas, que normalmente la enfermera sólo comentaba de pasada.

Tenía la cara muy castigada, quizás por el sol. Me recordaba a algunas personas que trabajaban en el mar, marineros que, tras muchos años de trabajo, tenían la piel de la cara muy castigada por el sol y la sal del mar. Sus ojos estaban fijos en mí, esperando la traducción. No entendía una palabra de inglés.

Todo ha ido bien. Se extirparon dos pólipos. Su actitud fue excelente, sin apenas preguntas. Siempre se mostró servicial y facilitó el trabajo de los DT. Mi ayuda apenas fue necesaria. Tenía muy claro lo que se iba a hacer, casi se podría decir que estaba familiarizado con el proceso.

Última habitación: Volvió a preguntar por la comida. Dijo algo que no había mencionado antes: que había estado vomitando los últimos días. La enfermera hizo algunas observaciones finales:

DT: No tome estimulantes como alcohol, cerveza, tabaco o café. Porque estos irritantes irritarán el revestimiento del estómago, causando daños estomacales.

Le informaron de que los pólipos extirpados se enviarían ahora al departamento de especialistas para averiguar si eran benignos. En unos días sabría el resultado. Por el momento debía seguir los consejos del DT y comunicarle si la hemorragia continuaba o si se producía algún cambio. PA-47 escuchó sin decir nada.

Cuando nos despedimos, volvió a hacer un comentario sobre el hecho de que le hubieran asignado un informático no negro. Me parece que tenía sentido del humor y que era un tipo muy simpático. Espero que los comentarios fueran realmente irónicos y que no estuviera preocupado por una cuestión tan trivial como el color de la piel, cuando lo más importante era saber que no tenía cáncer.

5. Comportamientos Inapropiados

PA-101.

Este caso en particular, al que me referiré como PA-101, se refería a una presunta agresión sexual a una chica que era alumna de un instituto. Entre los asistentes a la reunión se encontraban su familia (ella no estaba presente), una hermana, su padre y su madre, un supervisor, un coordinador, dos profesores del instituto, un psicólogo del instituto, un terapeuta externo al instituto y el IT.

No había nadie de la policía ni de organismos gubernamentales directos, ni tampoco nadie directamente relacionado con el presunto agresor. El joven acusado era inglés, ambos estudiaron en el mismo colegio.

Estas reuniones se celebran para intentar llegar a un acuerdo y evitar un proceso judicial. La función de la IT, como es obvio, es romper y ayudar con la barrera idiomática de la familia del presunto agredido, que no hablaba inglés con fluidez.

Los casos de presunto intento de violación son realmente complejos desde el punto de vista profesional del intérprete. Las reuniones se plantean como una revisión de los antecedentes del caso investigado, asistencia a la presunta víctima y, en múltiples ocasiones, no se facilitan datos previos a la IT, lo que hace más ardua su tarea, además, la familia de la víctima no siempre acude con cierto conocimiento del alcance de las reuniones.

Como se trata de reuniones informales, me comunicaron que ya habían tenido otra unas semanas antes, a la que no había podido asistir el padre de la niña, por lo que este día intentarían determinar las cuestiones clave en presencia de toda la familia implicada.

La reunión ya había tenido otro IT (sesión anterior), por lo que mi tarea consistía en ponerme al día lo antes posible para estar preparado para traducir los acontecimientos, opiniones, etc. (este punto representa otra dificultad para el IT, ya que en mi opinión es mucho más fácil cuando es el mismo IT el que asiste a las distintas reuniones de un mismo caso).

Una vez establecidos los antecedentes, pasemos a las actividades de la reunión. El coordinador expone el caso de forma genérica. En primer lugar, los asistentes intentan convencer a la familia de que no siga adelante con el procedimiento judicial, que tal vez se puedan encontrar otras alternativas.

Los hechos denunciados se basaban en el presunto intento de violación y violación consumada que un joven había cometido contra la hija de la familia presente en la reunión. Hoy no se han dado detalles. Se trataba básicamente de la denuncia que la familia había presentado ante la policía, que fue apoyada por la joven presuntamente agredida.

Existía un informe policial, basado en las declaraciones de la joven a la policía, que explicaba los hechos. La cuestión, según el coordinador, era que no se había establecido si la violación se había consumado. El testimonio de la joven dejaba dudas abiertas para la investigación, según el informe policial.

Los padres, realmente educados en su comportamiento, esperaron y escucharon a los peritos presentes y, por supuesto, mi traducción. No interfirieron, sólo escucharon, cuando llegó su turno de hablar, dejaron claro que confiaban plenamente en la declaración de su hija y que estaban convencidos de que la violación había tenido lugar y que deseaban seguir adelante con la acusación.

Los argumentos eran largos y realmente se basaban en un abanico de opiniones, de carácter psicológico, de comportamiento entre adolescentes, de sexualidad en la pareja a esa edad, de presuntas dudas sobre el testimonio, de valoración de las circunstancias de los hechos, del tiempo que la joven llevaba en el Instituto, la intrincación era notable y la duración de la reunión se estaba alargando.

Lo cierto es que casi el 100% de los presentes intentaban con sus opiniones convencer a la familia de que quizá no fuera la opción más adecuada seguir con los cargos.

Así lo entendió el padre, que tras más de dos horas de reunión empezaba a ponerse un poco nervioso y expresó su desaprobación (siempre en un tono muy educado, por supuesto).

La verdad es que yo mismo estuve a punto de sugerir un receso (aunque no lo haría). El coordinador, sin embargo, reconoció la pesadez de la reunión y propuso una presentación de 30 minutos como máximo y un debate final como forma de clausurar la reunión.

Las partes no parecían acercarse, los padres hablaban incluso de irse del país (casi seguro, decían) porque su hija era muy emocional y no se imaginaban vivir con ella si mantenía la tristeza del momento. Los peritos se mantuvieron en su punto de vista, y no les parecía muy realista que la demanda siguiera adelante.

Poco a poco se fue acabando el tiempo y una intervención final del coordinador, con pantalla incluida, puso fin a esta reunión de unos 2,30 minutos, que resultó demasiado larga para la TI.

Por casualidad, la coordinadora preguntó dos veces a la familia si les gustaba la traducción que estaba haciendo, lo que me sorprendió un poco, porque nunca se habían quejado de ello y no era lo habitual. Estuvieron de acuerdo en que todo les parecía bien.

Veamos las indicaciones contenidas en el BPS sobre la *reunión previa a la consulta:*

El intérprete estará en mejores condiciones de interpretar con precisión si comprende claramente el propósito de la reunión y el papel de todas las partes implicadas.

El psicólogo puede programar una reunión previa a la consulta con el intérprete antes de la primera sesión para informarle del propósito de la consulta (por ejemplo, obtener información sobre el historial de desarrollo del cliente, evaluar el estado de salud mental) y proporcionarle una visión general de la sesión (por ejemplo, una descripción de las actividades que se llevarán a cabo, como entrevistas, debates y preguntas).

Esto permite al intérprete hacer preguntas y aclarar la terminología. Esta conversación puede tener lugar por teléfono. Si el psicólogo tiene intención de utilizar una evaluación psicométrica durante la consulta con el cliente, deberá hablarlo con el intérprete durante la reunión previa a la consulta.

Si procede, el psicólogo puede informar al intérprete de que es probable que el contenido sea angustiante, en particular si prevé que se tratarán acontecimientos angustiantes como conflictos, violencia, suicidio, autolesiones o crisis familiares. El intérprete puede estar mejor preparado para gestionar la naturaleza traumática de una reunión si se le advierte de que puede resultarle perturbadora.

Esto es realmente intrigante y preocupante a la vez. Porque colocar al informático cerca de la familia lleva a que los miembros de la familia intenten relacionarse con el informático. Especialmente colocándome al lado del padre (que no había asistido a la reunión anterior). Algo absolutamente desaconsejable.

Obviamente, el padre buscará el apoyo continuo del IT y generará interferencias. Si el IT se coloca en un punto neutro, las cosas cambian, y el trabajo puede llevarse a cabo con un mínimo de profesionalidad. La colocación junto al padre fue totalmente errónea.

Hay otros factores, como la tensión de la propia reunión, casi siempre hay un estado de pre-tensión, que, como es de esperar, viene del lado de la familia, muchas veces han sido mal informados sobre lo que se espera de ellos en esta reunión y, otras veces ni siquiera saben exactamente por qué están allí. Tampoco se informa a los informáticos. Las dificultades son realmente evidentes.

Lamentablemente, nada de esto se ha tenido en cuenta hoy, a pesar de que intenté aclarar estas cuestiones al principio, pero hay días en que los anfitriones prefieren mirar hacia otro lado o simplemente no tienen ni idea de cómo cumplir con sus obligaciones.

. . . .

PA-102.

Era un caso muy dudoso según las pruebas iniciales y, la perspectiva de los ponentes. La niña tenía moratones, pero la policía no garantizaba que no pudieran ser autoinfligidos, eso era una caracterización inicial a ojos de la madre, cosas sin resolver que averiguar y eso es lo que estaba pendiente. Todo el proceso estaba abierto y en investigación previa.

Asistentes a la reunión: Madre del agredido. Una hermana. Dos psicólogos. Un profesor. Un organizador. Un supervisor. Otro participante (no presentado). El informático.

Por un lado, se dieron noticias sobre el apoyo y la ayuda que ya venía recibiendo la mujer agredida. Por otro lado, se hicieron alegaciones por parte del acusado, dudando de la credibilidad de las explicaciones dadas por la supuesta víctima. No hubo informes médicos.

En esta ocasión, solicité con antelación que se me colocara en una posición neutral (se me concedió). Estaba más cerca de la madre que de los demás asistentes, pero la posición era bastante precisa.

La hermana tenía la apariencia de tener unos 18 años y estaba junto a la madre de la otra parte. Desconozco la edad de la presunta víctima, aunque teniendo en cuenta que estaba en el instituto, estimo que estaba en la franja de los 15-18 años. Digo que estaba en el instituto porque había una profesora y una psicóloga del instituto, no me habían ofrecido ninguna información previa.

En el lado opuesto de la mesa, todos los asistentes excepto el organizador, que estaba en la cabecera de la mesa, con la pantalla al fondo.

La víctima había recibido ayuda psicológica, aunque había dejado de asistir a clases en las últimas semanas. Se habló de este aspecto y se preguntó a la madre sobre su opinión, el estado de la víctima y la decisión de no asistir a clases.

La madre había informado a la escuela de la retirada por el momento, aunque sólo lo había hecho por llamada telefónica, de ahí las explicaciones adicionales que ahora se solicitaban.

El psicólogo de la escuela hizo su evaluación, una vez que se juzgó que se trataba de una opción de salud mental y no de una posible lesión física. Según su evaluación, el estado físico del agredido era positivo.

El profesor también hizo su valoración, en la que hablaba de los aspectos negativos de una ausencia prolongada y de que esperaba un esfuerzo por su parte para asistir a clase lo antes posible, y también afirmó que la actividad intelectual en el colegio y la interacción con sus compañeros siempre serían beneficiosas, mucho más que estar encerrada en casa.

La azafata ofreció unas breves palabras a la madre, contándole algunas noticias relevantes sobre lo que se había hecho por ellos hasta el momento y que habían sido tratados psicológicamente, pero que la joven no había querido colaborar, por lo que ahora necesitaban aclarar todo esto en esta reunión para llegar a un entendimiento mutuo en el futuro.

También se le recordó que la ausencia del padre (por motivos laborales) no era una buena noticia, el padre debería participar en estas sesiones. Hubo una respuesta de la madre que pensó que era beneficioso proteger a la niña y no obligarla a ir a clases por el momento, en cuanto al marido, dijo que trataría de convencerlo para una próxima reunión (si la había), dijo que estaba bastante frustrado y prefería evitar escenas tensas.

El coordinador le recordó que estas reuniones eran para ellos, es decir, para la familia afectada, y estaban destinadas a su propio apoyo privado.

La madre estaba un poco nerviosa y dijo que no entendía por qué no se había tramitado la denuncia policial. La coordinadora le recordó que había un proceso de investigación en marcha, aunque la idea de esta reunión no era centrarse en la denuncia en sí.

La otra hija, sentada junto a la madre, no dijo nada, se limitó a escuchar, creo que debía de entender mucho inglés, porque apenas me miró cuando traducía para su madre.

La reunión se fue tensando, recordaban los detalles de la supuesta agresión, la forma en que habían ocurrido los hechos y la fecha. La madre se puso más nerviosa, la verdad es que los asistentes, no sé si consciente o inconscientemente, actuaron como un bloqueo, como presionándola y, desde luego, ella no tenía a nadie que la defendiera.

El supervisor, que estaba sentado a un lado, no dijo ni una palabra, estaba usando su móvil para teclear mensajes de texto (supuestamente estaba prohibido que todos los asistentes accedieran a la sala con sus móviles).

La coordinadora volvió a la carga, señalando a la madre que, aunque el juicio estaba en curso, le habían estado ofreciendo el apoyo necesario y que consideraban su postura un tanto distante, juzgó que la familia debería ser más flexible, aceptar los consejos de los presentes y manejar el apoyo ofrecido de una nueva manera en el futuro.

Se hicieron nuevas valoraciones de los hechos y la madre argumentó cuestiones de ética y cultura familiar para defender su forma de actuar. Intenté seguir la traducción al detalle y reflejar sus luchas, porque posiblemente fue un choque cultural que apenas entendieron algunos de los asistentes.

Se trata de una preocupación muy común y en la que la informática debe poner su mayor énfasis, no sólo traduciendo sino también reflejando las culturales, especialmente hacia la persona afectada.

Sea como fuere, el planteamiento de los asistentes hacía problemático este tipo de trato, era muy evidente que intentaban convencer a la madre de seguir un camino, que ellos considerarían adecuado para esta circunstancia, pero que en principio se encontró con el rechazo de la familia (no olvidemos que se trataba de una familia de un país sudamericano).

La coordinadora miró la pantalla que tenía detrás, pero en realidad estaba apagada, no se había utilizado para la reunión. Otro asistente dio nuevos argumentos. La madre parecía bastante cansada, había pasado casi hora y media de reunión y, a decir verdad, no se detectaban grandes avances.

Mencionó la duración de la reunión y, dijo, que ofrecería otra fecha con los mismos asistentes, esperando que el padre también pudiera participar, mientras tanto, como es lógico, le pidió que informara al marido de lo que se había hablado hoy para que estuviera al tanto del estado del evento.

La madre asintió y se adivinó cierto alivio en sus palabras cuando la reunión llegó a su fin. La verdad es que viendo los casos de falta de orientación previa y tantos problemas para comprender otros hechos básicos, decidí que en el futuro no asistiría a más reuniones de este tipo si no había un mínimo de datos previos.

Intenté hacer algunos breves comentarios culturalmente sensibles sobre los orígenes de la familia implicada al supervisor, pero me dijo que eso era suficiente por hoy y que la reunión no iba a durar, y que mi trabajo consistía únicamente en traducir y no en evaluar lo que se decía.

Este comentario me pareció totalmente erróneo, pero tampoco me sorprendió, porque no había dicho nada en toda la reunión y sólo había pasado el móvil consultando las páginas de Internet y su correo electrónico.

· · · ·

• • • •

Creo que alguien debería recordarle a este supervisor lo que dice la EPA en relación con *la concienciación cultural*:

La prestación de servicios adecuados de interpretación y traducción es, por tanto, crucial para el mantenimiento de la cultura y para la realización de una sociedad verdaderamente multicultural.

Una consideración importante para los psicólogos que trabajan con una población culturalmente diversa es que el idioma es sólo un componente de la prestación eficaz de servicios. Aunque el uso de un intérprete en la prestación de servicios es esencial, por sí solo no es suficiente para trabajar con una clientela multicultural.

Los servicios de salud mental tienen que desarrollar formas culturalmente apropiadas de apoyar a las comunidades, lo que requiere el compromiso con los inmigrantes y refugiados, el suministro de información sobre la búsqueda de ayuda para los problemas de salud mental y la formación de los profesionales de la salud en la comunicación sobre estos temas con comunidades diversas (por ejemplo, competencia cultural, práctica cultural segura).

Cuando, además del idioma, entran en juego diferentes marcos culturales, la probabilidad de que se desarrolle un significado compartido es aún más tenue. En aras del objetivo clínico, el intérprete puede intervenir para garantizar que ambas partes comprendan los mensajes que se transmiten. En este sentido, puede decirse que el intérprete funciona como "defensor de la comunicación".

P A-41.

Caso objeto de estudio: separación de custodia de los hijos de sus padres, tres en total. Uno de ellos tenía menos de un año. La policía había retirado los niños a la madre (que vivía sola con ellos) unos días antes. Los trabajadores sociales y la psicóloga explicaron los antecedentes a PA-41.

Era una chica muy joven, aunque se decía que los hijos eran todos suyos, no tenía más de 25 años según mis cálculos.

Reunión informativa: PA-41 fue interrogada sobre su historia personal. En qué momento había llegado a Middle, cómo tenía dos hijos con ella en el momento de su primer viaje (ya de otro país europeo distinto al suyo). Más tarde, tuvo el tercer hijo, ya en Middle.

Se hizo una revisión detallada. Ella no estaba de acuerdo con algunos de los puntos, y me decía que les dejara claro (a mí) que no era así, que no estaba de acuerdo con ellos. Estaba bastante nerviosa.

No era la primera vez que la trabajadora social se ocupaba de ella, ya que tenía dificultades para mantener a su familia (hijos), y anteriormente había solicitado ayuda social, psicológica y económica.

Por lo que dijo, no se había beneficiado mucho de ellos, afirmó que sus problemas económicos no habían mejorado. DT le recordó que habían conseguido una vivienda digna para ella y sus hijos, lo que implicaba que no había pagado casi nada (alquiler bajo).

Posteriormente, su madre, que también residía en Middle, había estado contribuyendo un poco económicamente y también cuidando de los niños cuando tenía tiempo, ya que ella trabajaba, es decir, su madre.

Las dificultades económicas habían aumentado con la llegada de otro bebé. Ya eran tres y ella seguía sin tener un trabajo que pudiera mantener a la familia. Esto se estaba convirtiendo en una grave crisis, y la asistencia social que le ofrecían no era suficiente, porque la trabajadora social intentaba mantenerla por su cuenta.

La reunión había sido de tensión constante desde el principio, aunque hasta el momento PA-41 tenía una sensación de relativa paz y tranquilidad. Su madre estaba en la sala, al igual que la única hermana que tenía, algo menor que ella.

Poco a poco, pasamos al punto clave de la reunión. Hacía menos de una semana que la policía había acudido a su casa y se había llevado a sus hijos.

Este era el motivo de esta reunión, zanjar este asunto, qué había pasado, cuáles habían sido los motivos que habían llevado a la policía a tomar esta decisión, cómo se encontraba ella en ese momento, y también cuáles serían las pautas a seguir en el futuro, porque los niños no estaban con ella, y no volverían con ella tan fácilmente, había un proceso a seguir en estos casos que duraba varios meses.

Había que llegar a la hora de la verdad. La mujer enjuiciada era la propia madre, y no se habló de violencia física, sino de un supuesto descuido de la madre al no alimentar adecuadamente a sus hijos.

Un vecino había llamado a la policía porque el piso de la PA era ruidoso y molestaba a los vecinos. La policía acudió a la llamada y, cuando llegaron al domicilio de la AP (según el informe policial), ésta estaba borracha y rodeada de varios amigos (se declaró que eran cuatro, todos hombres, de la misma nacionalidad que ella).

La policía vio que sus hijos estaban desatendidos y, al ver a la madre en estado de embriaguez, entró en la casa para comprobar si al menos tenía comida para los niños, pudieron comprobar que la nevera estaba completamente vacía y que no había comida ni artículos para hacer comida por ningún lado.

Ante el alarmante panorama, instaron inmediatamente a PA-41 a que fuera a comprar comida para los niños, mientras ellos (la policía) estarían en casa esperándola. La AP salió de la casa indicando que iría a comprar a un supermercado local no muy lejos.

El verdadero problema, según el informe policial, fue que tardó mucho en volver, supuestamente dos horas de espera sin justificación alguna.

Esperaron de todos modos. En cuanto volvió a casa, y teniendo en cuenta su falta de comportamiento, la policía interpretó que lo había hecho a propósito para ver si la policía se iba.

En vista de esta actitud, y del hecho de que (según la policía) incluso tenía problemas para expresarse (comprensiblemente debido a su estado de embriaguez), determinaron que no se les podía dar otra oportunidad.

Toda la situación les parecía insostenible. Estaba de fiesta con varios amigos, totalmente borracha y sin comida para sus hijos (recordemos que uno de ellos tenía menos de un año). La policía decidió entonces llevarse a los niños por su propia protección.

Cuando llegó el momento de repasar lo que había ocurrido la noche en que la policía se llevó a sus hijos, se puso más nerviosa y no pudo reprimir las lágrimas. Aunque escuchó todo el relato sin hacer pausas, sólo me miró a mí. Se limitó a sacudirme la cabeza, señalando su desacuerdo con un movimiento de cabeza que indicaba que no era así, que no estaba de acuerdo.

Los presentes le preguntaron en ese momento si estaba de acuerdo con los hechos. Dijo que era cierto que había amigos en casa, pero que no estaban de fiesta, que sólo era una visita de conocidos de su país que estaban trabajando en Middle. También señaló que, aunque estaban tomando unas cervezas, ella no estaba borracha.

Sobre la cuestión de ir al supermercado, dijo que no conocía muy bien la zona, que había decidido coger un autobús y se había equivocado de línea, luego, cuando se dio cuenta, tuvo que volver a coger otra línea de autobús y, sin darse cuenta, había tardado mucho.

PA-41 dejó claro que no suscribía la versión policial. También añadió que no comprendía por qué le quitaban y se llevaban a los niños, en particular al más pequeño, el que tenía menos de un año.

PA: Sabía que se trataba de control, sabía que sólo iba a ser otra táctica para causar tanto caos y dolor en mi vida. Y pensé que era absolutamente absurdo. No me estaba divirtiendo con muchos amigos. Amo a mis hijos. Tengo una excelente relación con ellos.

Continúa diciendo que está buscando empleo, que cree que pronto cobrará una ayuda asistencial. Además, su madre, que había estado de viaje en su país, había regresado y la ayudaría con el cuidado de los niños si empezaba a trabajar.

Los presentes le recordaron que tenía una vía legal para recurrir el informe policial. Pero por el momento el proceso con sus hijos seguiría el camino habitual.

PA-41: Básicamente me quedé en shock cuando leí los documentos que me proporcionaron sobre por qué se llevaron a este niño. Ojalá nunca me hubieran visitado los amigos. Ojalá me hubiera quedado sola en casa y no se lo hubiera dicho a nadie porque ahora se van a llevar a mis hijos durante mucho tiempo. Me tratan como si hubiera pegado a mis hijos.

En este caso se le permitiría reunirse con los niños en un centro seguro, los sábados, un sábado al mes. Se cambiará a dos sábados al mes, si todo va según el protocolo.

• • • •

PA-41. Reunión sabatina con niños.

Unos días más tarde pude asistir a la primera reunión con sus hijos. Fue en un centro de Middle, muy bien ambientado, con aspecto de escuela primaria. PA-41 pudo disfrutar del tiempo con sus hijos durante más de dos horas.

La DT del lugar le permitía alimentarlos y jugar con ellos, pero era dura y directa en sus comentarios. En todo momento fue muy exigente, en el sentido de decirle lo que tenía que hacer. La PA mostraba un enfoque positivo e intentaba mantener a los niños lo más contentos que podía. A veces parecía un poco perdida.

PA-41 cometió un error, que el DT no aprobó. Aunque la sala estaba bien acondicionada con varios asientos y mesas, a la hora de dar de comer a los niños se limitó a utilizar una especie de toalla y a poner la comida encima, en el suelo. El DT la corrigió de inmediato y le pidió que en el futuro utilizara siempre una mesa para dar de comer a los niños.

El resto de la reunión fue muy discreta, algunos juegos y cosas de madre e hijo. No hubo insistencia por parte del DT con puntos concretos.

En la siguiente reunión, la asistente personal se reunió con su hermana. Comenta que ha encontrado trabajo en un restaurante. Estaba entusiasmada con su nueva ocupación. El DT se mostró un poco desconfiado porque, como había dicho, antes de que se llevaran a los niños, la PA había tenido tres trabajos en poco tiempo y los había dejado muy rápidamente, en uno o dos meses.

El DT le expresó su buena suerte y le dijo que si trabajaba y se adaptaba bien a sus nuevas circunstancias, todo sería más cómodo, y el trabajo ayudaría a su viabilidad económica, que en aquel momento era bastante precaria.

No sé cuántas reuniones hubo en el futuro ni cuándo pudo recuperar la custodia (si es que ocurrió) porque nunca volví a esas reuniones.

• • • •

PA-42.

Caso de maltrato doméstico con retirada de la custodia de los hijos. Esta reunión fue sólo con la madre. En los días siguientes se celebraría otra reunión con la asistencia del marido.

Era una mujer de unos 45 años. Asiste a la reunión sola, hay una trabajadora social y otras dos personas (no presentadas). En los últimos meses se habían sucedido una serie de acontecimientos. La mujer había denunciado violencia por parte de su pareja. Ha llamado varias veces a la línea directa y se han enviado patrullas de policía en su ayuda, a menudo de madrugada.

Hasta ahora no se habían tomado medidas drásticas, el presunto agresor siempre cambiaba de actitud cuando se enfrentaba a la policía. Ahora el escenario había cambiado.

Nos dirigimos al lugar de los hechos, el de la supuesta agresión. En este caso, la PA-42 denuncia que su marido utilizó un cuchillo de la cocina, menciona un cuchillo muy grande, y que intentó agredirla con este cuchillo, aunque ella pudo esquivarlo y aguantar hasta que llegó la policía.

En esencia lo que se hacía hoy era contrastar sus palabras, ahora a sangre fría, con el informe policial generado la noche de los hechos. Debido al temperamento de la mujer aquella noche, su grado de excitación, llantos y gritos, y ante la reincidencia de los hechos denunciados, la policía había tomado la medida de retirar a los dos hijos que la pareja tenía en común, un niño y una niña, ambos menores de edad.

Como era lógico, esta medida se tomó debido al alto nivel de lesiones que corrían el riesgo de recibir.

La mujer se mostró muy seria, pero relajada, sin mostrar signos de nerviosismo o similares por sus hijos, de hecho, se podría decir, que se sentía aliviada por no tener que hacerse cargo de sus hijos. Los profesionales presentes le informaron de otras circunstancias que debía conocer, principalmente desde el punto de vista legal.

No pasemos por alto el hecho de que estas reuniones son un calentamiento, pero habrá cuestiones que discutir con la policía o con un equipo jurídico (su abogado) en el futuro. Lo que era seguro, sin embargo, era que sus hijos estarían bajo tutela. Y por mi experiencia pasada, eso significaba meses o quizá años de espera para recuperar a sus hijos.

A medida que avanzaba la reunión y se insistía en este tipo de cuestiones, la mujer parecía cada vez más alterada. Podría decirse que aún estaba asimilando la profundidad y la realidad del asunto.

Decía que ella y sus hijos tenían muy buena relación, que los cuidaba porque eran sus hijos y que su único deseo era tenerlos a su lado.

No entendía por qué se alejaban de ella, el padre era el culpable de la actitud con sus acciones violentas, ella no quería perder a sus hijos de ninguna manera, los quería a su lado. Además, su preocupación por su alimentación y cuestiones básicas era absoluta, siempre estaba pendiente de ellos, buscaba opciones escolares para ellos y que los quería mucho.

Sufría maltrato doméstico, decía, pero sus hijos estaban al margen, no eran el objetivo.

DT: Todas las pruebas de este caso han sido examinadas por los expertos de la familia, en varias ocasiones y ante distintos psicólogos. En todo momento hemos actuado en el interés superior del menor. A lo largo de este procedimiento, el niño y usted han estado representados por un tutor designado, independiente de la autoridad local, para garantizar que se escuchen sus opiniones y deseos.

El DT y los presentes tomaron algunas notas, y le repitieron que no se preocupara, que tendría derecho a compartir momentos con sus hijos, a pesar de la dureza de estas circunstancias, que tendría sus derechos y no dejaría de ver a sus hijos, digamos, que debía verlo como una medida temporal, pero necesaria y beneficiosa, ya que estaría totalmente protegida en cuanto a la seguridad de sus hijos.

También se le hizo saber que, en principio, su marido también tendría derecho a mantener reuniones separadas para visitar a sus hijos. Tras estos encuentros sucesivos durante varios meses, se establecería un filtro que decidiría cuál de los dos tendría de nuevo la custodia de sus hijos.

También se evaluaría su situación personal y profesional. De momento, era demasiado pronto, había connotaciones jurídicas y derivadas, que habría que seguir. Por otra parte, no hay que ignorar que ambos eran extranjeros en Oriente Medio.

Se realizó una completa comprobación de antecedentes, ambos tenían trabajo, disponían de medios suficientes para mantener a sus familias y vivían de alquiler. Se hicieron varias referencias en este entorno, para corroborar de su propia boca la situación de su marido.

Todo parecía bastante normal, el hecho de que ambos tuvieran trabajo mejoraba mucho su posición general, que parecía muy estable desde el punto de vista económico.

Los asistentes fueron suaves en su aproximación, es decir, se mostraron muy empáticos con el contexto supuestamente violento, facilitaron el contacto de traducción e hicieron la reunión lo más fácil posible, para que la AP no se sintiera rechazada. De hecho, no hicieron mucho hincapié en el momento concreto de la supuesta agresión, la conversación pasó inmediatamente al asunto de los niños.

La situación de los niños y su entorno era la prioridad, más que la supuesta agresión. Tampoco se hizo referencia (sólo de pasada) a los informes médicos de agresiones o marcas físicas, todo lo cual, supongo, se trataría en otra reunión, porque hoy se dejó de lado, no se le dio seguimiento.

· · · ·

PA-42. Reuniones de niños los fines de semana.

Como se le había notificado en la reunión anterior, se le permitiría ver a sus hijos varios sábados, en una casa con espacio al aire libre, con un enorme huerto bien preparado y perfecto para que los niños pudieran pasear. Sin embargo, salir al aire libre estaba sujeto a su buen comportamiento. Había una sala espaciosa para estos encuentros.

La madre solía llevar comida y juguetes. Había momentos para ellos, donde permanecían en silencio, momentos de juegos. Siempre con la presencia de la DT, una de las personas que se ocupaba de los niños y de la TI como apoyo lingüístico. La DT hacía su seguimiento particular, con ambas partes presentes, preguntando sobre el desempeño de los pequeños en general.

También se dieron indicaciones a la madre y se le hicieron preguntas sobre cómo se sentía y otras situaciones. La cuidadora estaba bastante seria, con aspecto firme. Se tomaba el encuentro muy en serio. La DT informó a la madre de que el sábado siguiente sería su marido quien podría pasar tiempo con los niños en la misma casa.

• • • •

• • • •

Como era de esperar, también se habló con los niños, uno de los cuales no era muy pequeño, aunque debo decir que no era muy hablador. Quizás, al ser mayor que su hermana, tenía más conocimiento y comprensión de que la situación en la que se encontraba no era muy cómoda, viviendo separado de sus padres.

En cualquier caso, los dos estaban muy tranquilos y sin quejas aparentes, jugando, moviéndose por la habitación y disfrutando de la comida que les ofrecía su madre. Aprovechando que los niños estaban jugando, la DT evaluó su caso sólo con la madre, pidiendo más detalles sobre el comportamiento de su marido, quería tener un informe completo de la madre.

La madre repitió algunos de los comentarios ya realizados y no fue muy severa con su marido, aunque dejó claro que la había agredido y que el asunto era recurrente en cuanto a amenazas desde hacía tiempo.

Valoraba la retirada de sus hijos como algo muy negativo para ella. Los echaba de menos y sentía mucho dolor por haberlos retirado de su custodia. Confiaba en poder recuperarlos pronto. En cuanto a que su padre también pudiera verlos, no hizo ningún comentario, sino que se limitó a sacudir un hombro.

Posteriormente me hizo comentarios de que no estaba de acuerdo en que le quitaran a los niños, según ella, el comportamiento del británico no era correcto, y que pensaba que eran otros motivos, porque aunque el marido se había vuelto algo agresivo, nunca había tocado a los niños, eso hay que decirlo.

Las sesiones eran largas, de hasta tres horas. Finalmente, la DT accedió a permitir que los niños salieran al exterior. Esto era lo que más deseaban los niños. No hacía demasiado frío y era la una de la tarde, buen tiempo para disfrutar del aire libre.

• • • •

PA-42. Reunión de papá con los niños.

También acudí una semana después, en sábado (estas reuniones eran siempre en fin de semana) a la nueva cita, ahora con el marido y los hijos.

El marido era de lo más agradable. Mostraba su mejor cara. Sonreía conmigo (pensaba que como IT podía hacer una valoración de estos encuentros (lo cual no es cierto). Traía comida, flores, regalos, se comportaba como un Papá Noel.

Siempre que se quedaba a solas conmigo, intentaba influirme hablando mal de su mujer. La responsabilidad que él sentía que tenía en esta situación, si no fuera por ella, decía, no nos habrían quitado a los niños. Ella era la responsable de sus desgracias.

Fue un hombre muy agradable durante las visitas. Activo y conversador con todas las partes. Era difícil entender que alguien como él pudiera cambiar hasta el punto de agredir a alguien de la familia con un cuchillo, pero claro, la convivencia es otra historia.

Para ser sincera, desde el primer día tuve la impresión de que tanto la cuidadora como la DT sentían una fuerte inclinación hacia el padre, actuaban de forma muy diferente a como lo hacían cuando se reunían con la madre. Facilitaban el encuentro entre ambas partes. Interactuaban de forma más permisiva.

El *modus operandi* fue similar al de los encuentros con la madre, aunque la actitud del padre facilitó la relajación. Hicieron las mismas cosas, procurando dar tiempo a los niños en el espacio exterior siempre que no lloviera.

Asistí a tres de esas reuniones los fines de semana, con cada una de las partes, la madre y el padre. Después de eso, nunca volví. No sé cómo se resolvió el asunto.

Los dos casos que voy a comentar en este apartado se realizaron en una clínica privada. En todos los casos, hay que señalar, el paciente siempre se mostró extremadamente satisfecho con los resultados. Buena respuesta y, sin quejas de dolor excesivo o cualquier connotación negativa, nunca se hicieron tales reproches.

Una definición sirve de puerta de entrada a la primera sesión con el PA-08:

La vasectomía es una intervención quirúrgica a la que puede someterse un hombre si ya no desea tener hijos. Es un método anticonceptivo masculino de larga duración (permanente). Deben utilizarse otros métodos anticonceptivos hasta que el cirujano analice el semen para asegurarse de que no quedan espermatozoides. Esto suele ocurrir unos tres meses después de la intervención.

PA-08.

PA-08 tendría unos 35 años, moreno y con un cuerpo atlético, me contaba que había decidido hacerse la vasectomía porque ya tenía tres hijos y no deseaba tener más (esta es la razón más común por la que las parejas deciden dar este paso).

Desde el primer minuto noté que se sentía cómodo con mi presencia, y que le caía bien. Eso me tranquilizó. Hablaba con mucha energía y hablaba de su trayecto a la clínica en transporte público. Usaba coche pero no había decidido utilizarlo debido al postoperatorio, así que volvía a casa en transporte público (autobús).

Me hablaba de su país natal, de cuánto tiempo llevaba viviendo en Middle y de otros detalles que creía que merecía la pena que yo conociera.

Lo cierto es que había muchos clientes en la clínica, más que en otras épocas. La clínica también ofrecía esterilización para mujeres. La vasectomía, por supuesto, no era la única práctica especializada que se realizaba. Nos habían citado a las 10.00 de la mañana, pero el tiempo de espera era considerable, así que relájese y espere.

Las ocasiones en las que el tiempo de espera es largo y el paciente ya está con la IT, no siempre son tan cómodas. En este tipo de clínicas, y dada la naturaleza del procedimiento, se aconseja estar con el paciente. En cambio, en otros casos, no sólo no es aconsejable, sino que no es recomendable. No siempre es bueno ese momento de "charla amistosa".

Tras unos 45 minutos de cola, el médico nos llamó. Era el especialista que iba a realizar la intervención. Su carácter era realmente agradable, se comunicaba con soltura, contundencia de contenidos y transparencia, además, dejaba tiempo para traducir con solvencia.

Algunas aclaraciones que se indicaron:

- Durante la intervención, se inervan y sellan dos conductos denominados conductos deferentes. Los conductos deferentes transportan el esperma desde los testículos hasta la uretra. La uretra es el conducto que se encuentra en el interior del pene. Una vez cortado, el esperma no puede llegar al semen ni salir del cuerpo. Los testículos siguen produciendo espermatozoides, pero éstos mueren y son absorbidos por el organismo.

Un hombre que se ha sometido a una vasectomía sigue produciendo semen y puede eyacular. Pero el semen no contiene espermatozoides. El nivel de testosterona y todos los demás rasgos sexuales masculinos permanecen inalterados. Para la mayoría de los hombres, la capacidad de tener una erección no cambia.

A menudo, un hombre puede reanudar las relaciones sexuales poco después de la vasectomía. Pero debe utilizar otro método anticonceptivo. Esto se debe a que algunos espermatozoides pueden permanecer en los conductos deferentes durante algún tiempo después de la cirugía. Debe utilizarse otro método anticonceptivo hasta que el cirujano analice el semen para asegurarse de que no quedan espermatozoides. Esto suele ocurrir unos tres meses después de la operación.

El DT siguió adelante. La vasectomía es muy segura, pero todas las cirugías conllevan algunos riesgos. También se señalaron algunos de los posibles riesgos de realizar la vasectomía:

- Una reacción inflamatoria al esperma desprendido durante la cirugía, denominada granuloma espermático, que puede causar un bulto sensible bajo la piel.

- Después de la vasectomía puede producirse epididimitis u orquitis (epidídimo o testículo doloroso, hinchado y sensible al tacto). Esto ocurre con mayor frecuencia durante el primer año después de la cirugía.

- En raras ocasiones, los conductos deferentes pueden volver a crecer juntos.

- Dolor prolongado después de la cirugía.

Supuestamente, algunas de estas cuestiones ya se han explicado antes, aunque ahora con la ayuda de la informática.

DT: Quizá se pregunte cómo es el periodo de recuperación de la vasectomía. Después de una vasectomía puede:

- Vuelva al trabajo en dos o tres días.

- Reanude el ejercicio normal en siete días.

- Volver a las relaciones sexuales en siete días.

Se habló de los efectos secundarios, se insistió en una explicación directa de todo el procedimiento, se hizo el informe pertinente con todos los detalles necesarios para que el PA-08 supiera a ciencia cierta lo que iba a pasar allí.

Hubo un tiempo prudencial de espera y el procedimiento se llevó a cabo de inmediato. Todo fue muy rápido, el PA-08 volvió a la sala y, con un suave gesto de aprobación, se tomó el tiempo de descanso obligatorio antes de marcharse. Hubo cooperación y un buen resultado. La enfermera le entregó el recipiente que debía utilizar para enviar las muestras a la clínica para que las revisara el DT.

Mientras tanto, se le recordó que utilizara métodos anticonceptivos hasta que pasara la prueba para demostrar que su semen está libre de espermatozoides. El DT le informaría de ello una vez recibidas las pruebas pertinentes. El PA-08 hizo gestos de aprobación y comprensión. La operación había terminado, ahora le tocaba a él darle un final feliz. Al fin y al cabo, las muestras podían enviarse por correo, sin la molestia del desplazamiento.

· · · ·

PA-43.

El paciente aún no había llegado a la clínica cuando entré. Vi que la ventanilla de recepción estaba abierta, así que presenté mis credenciales. La señora asintió, comprobó mi identidad y me invitó a quedarme porque el PA-43 estaba en camino.

Ya había estado anteriormente aquí, así que me senté cómodamente conociendo el proceso de antemano, algo que siempre ocurría y, que me dio un poco de tranquilidad, sobre todo cuando era tan temprano por la mañana y hacía frío en invierno.

Habían pasado más de 10 minutos y vi como entraba un hombre, y solo por el nombre de la tarjeta adiviné que se trataba de mi PA-43. Acerté de pleno, me presenté y volvimos a la silla.

Me sorprendió su aspecto tan joven, quizás no llegaba a los 35 años, hablaba muy rápido y me hacía preguntas. En teoría, le dije, había que esperar a que nos llamaran para darle las explicaciones adecuadas y oportunas, yo sólo era el informático, así que era mejor esperar. Lo entendió, y no quiso seguir dialogando, se quedó callado unos minutos.

Inmediatamente nos llamaron a la sala donde nos esperaba el médico que nos iba a realizar la vasectomía. Informé al PA-43 de cuál era el proceso de documentación, se le explicarían varias cuestiones preliminares (aunque quizás algunas ya se le habían dicho antes) pero en esta oportunidad con la tranquilidad de la asistencia del intérprete.

Su estado de ánimo era bueno, no parecía preocupado, más bien, decidido y deseando terminar cuanto antes. Cuando le dije que entre el día de hoy (en el que se iba a realizar la vasectomía) y el momento de la esterilización había que esperar unos meses, torció el mentón y me pidió que se lo explicara, porque pensaba que el proceso se completaba y concluía en el momento de la intervención quirúrgica.

La conversación se volvió un poco tensa, porque el médico notó enseguida el punto de la exigencia de explicaciones y dijo claramente que debía traducirle con mucha precisión que esta cuestión ya se había tratado en su visita anterior y que nadie le había dicho nunca que el proceso concluía con plenos efectos el mismo día de la intervención. Tuvo que elegir un medio anticonceptivo paralelo a la espera de la confirmación definitiva del DT.

No me sorprendió, por los casos a los que había asistido anteriormente, podemos decir que en el 90% de los casos ocurría lo mismo en este punto. Solo que en este caso, el PA-43 parecía realmente muy conmocionado y un poco decepcionado.

También es cierto que el médico estaba siendo mucho más severo, era como si estuviera cansado de repetir esta pregunta. Por mi parte, hice dos repeticiones, transparenté la situación al PA-43 y ya está. Poco a poco, las cosas parecían volver a su cauce. Mis aclaraciones sobre la traducción parecían haber convencido al PA-43.

Se le aclararon los demás detalles, hora de la operación, si debía tomar algún analgésico, etc. También se le aclaró que durante los tres meses siguientes tendría que enviar una muestra a la clínica una vez al mes, por correo, sin necesidad de acudir a la clínica, se le daría un paquete y un sobre para que lo enviara a la clínica cuando saliera de la intervención.

Una vez recibidas estas muestras y transcurrido este corto periodo de tiempo, el médico se pondría en contacto con él para comunicarle que todo había finalizado, que el proceso había concluido y que la vasectomía había llegado a su fin. En ese momento, podría mantener relaciones sexuales sin tener que recurrir a otros medios anticonceptivos.

Se le indicó que durante esos meses seguía siendo fértil, por lo que debía tener en cuenta utilizar algún método anticonceptivo para evitar un embarazo no deseado. Una vez que recibió la confirmación final del médico, el proceso se completó, la vasectomía surtió efecto. En otras palabras, la esterilización no surte efecto hasta la aprobación definitiva.

Debo admitir que tuve que repetir esta pregunta al PA-43 varias veces, pero no me importó porque me di cuenta de que en este caso era realmente crucial establecer la situación, una vez que el PA se había confundido al principio. Debo hacer explícito, que una nota legal tampoco es vinculante aquí.

He sabido de casos en los que un PA denunció al médico porque la vasectomía no surte efecto, y es realmente por esta cuestión por la que hay que firmar un documento y de ahí que se recurra a un traductor para esta tarea, que en principio debería ser muy simple y sencilla, a saber, simplemente informar al PA-43.

Pero lamentablemente no es así, casi siempre hay dudas y vergüenza o malentendidos en este ambiente, al menos en las experiencias a las que he podido asistir.

PA-43: Sí, todo está en su lugar. Todo en orden. No hay ningún problema.

Pasamos a otra sala ya en espera para entrar a la intervención quirúrgica. Había varias personas en la sala esperando. PA-43 estaba bastante avergonzado, podría estar pensando que iba a ser el único.

No creo que todos estuvieran esperando la vasectomía, ni siquiera los exámenes preliminares, pero de un modo u otro sólo teníamos que hacer cola para esperar nuestro turno, que según la información dada no duraría más de 30 minutos.

El ambiente era de absoluto bienestar, las sensaciones eran buenas, el PA-43 volvía a estar tranquilo y, debido al tiempo de espera, empezó a hablar de los motivos de su decisión. Una vez más, no pude evitar tener que escuchar sus asuntos personales.

Su mujer ya tenía un hijo con otra pareja, se había separado, y ahora con dos hijos más juntos ni se imaginaban la posibilidad de formar otra familia.

· · · ·

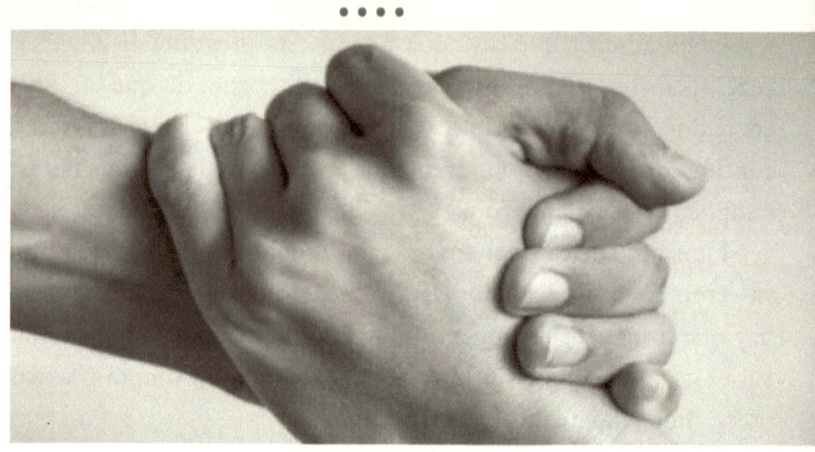

· · · ·

La vasectomía parecía ser la mejor opción para ellos porque, según ella, el método anticonceptivo utilizado por su pareja dañaba su cuerpo y no se sentía segura de seguir con este método, ni confiaba en su fiabilidad a largo plazo.

Por su parte, dijo, era una persona sana y no quería renunciar al sexo con su pareja, así que pensó que la vasectomía era el camino a seguir. Asentí, sin decir mucho, tratando de no asimilar demasiado las cosas, poniendo mi mente en otra parte.

Las intimidades de un PA-43 no son de mi incumbencia, ni es profesional involucrarse, pero en estos casos en los que el PA-43 se expresa de esta manera, poco se puede hacer. Le dije que iba al baño y que volvía enseguida.

Cuando regresé, nada más sentarme, reanudó su charla. Era como si sintiera la necesidad de compartir todo aquello con alguien para desahogarse, en realidad yo no era más que un desconocido que hablaba su idioma pero al que acababa de conocer hacía unos minutos.

Me quedé bastante asombrado, porque fue más allá y me estuvo contando la frecuencia de su vida sexual y algunas cosas más sobre sus relaciones privadas, lo que me hizo sentir un poco avergonzado.

He de decir que me pareció una persona encantadora a la que sólo le interesaba encontrar remedio a un problema familiar, o dicho de otro modo, intentar evitar un posible conflicto en el futuro derivado de tener hijos no deseados.

Intenté interrumpir un poco el diálogo, le pregunté si practicaba algún deporte. Me dijo que se apuntaba de vez en cuando a un gimnasio cercano a su casa, pero que no era algo que le entusiasmara mucho, que su preferencia era ver deporte por televisión, y que sí lo hacía con regularidad. El médico nos hizo un gesto desde la puerta de una habitación contigua. Era nuestro turno.

Como era de esperar en IT, no entré en la sala de operaciones, pero ésta era una sala para muchos pacientes, todos ellos ya operados o en fase preoperatoria, como era nuestro caso. Aquí la enfermera da unas últimas instrucciones, todas muy aparentes, como ponerse una bata y poco más.

El PA-43 entra en el quirófano y yo sigo esperando tranquilamente a que vuelva. Las intervenciones se realizan con rapidez.

Durante la espera, me vino a la mente aquella película de Woody Allen, en la que el director bromeaba diciendo que se había convertido en su propio personaje en una escena llena de espermatozoides que iban a ser fecundados. Me vino a la memoria un momento en un café, en el que, sentado con unos amigos, alguien había sacado a colación esa escena en el transcurso de una charla, que, por simple, no dejaba de ser humorística y sorprendente.

Todo iba sobre ruedas. Una mirada positiva en el rostro del PA-43, incluso una sonrisa. Debo admitir que sentí una satisfacción muy agradable al ver que el PA-43 estaba completamente en paz, que había olvidado sus dudas y que no debía de sentir dolor ni nada por el estilo, a juzgar por su cara y sus palabras fluidas.

De alguna manera sentí que mi contribución había ayudado a que todo saliera bien, aunque la intervención técnica no forma parte de mi bagaje personal, por supuesto. Sólo me quedó una duda, por qué el paciente no preguntó si la vasectomía es reversible (quizá ya lo había preguntado en otra sesión).

Al salir, se pide un breve tiempo de espera antes de abandonar la clínica. Te ofrecen algo de beber, café, té, leche u otras bebidas, y también tienen galletas, donuts y algo de fruta. El ambiente es agradable. Por supuesto, puede que IT no acepte invitaciones.

8. Células Cerebrales Problemáticas

P A-13.

• • • •

Un comienzo sucinto del tema que aquí se cita: un ictus está causado por la interrupción del suministro de sangre al cerebro, normalmente debido a la rotura u obstrucción de un vaso sanguíneo. Esto corta el suministro de oxígeno y nutrientes, causando daños en el tejido cerebral.

PA-13 había sufrido la apoplejía mientras trabajaba. Ahora, tumbada en una camilla de hospital, estaba en proceso de recuperación. Según los comentarios del DT, habían sido días muy duros de suspense. Se encontraba bastante bien, se movía con relativa facilidad y hablaba con claridad, aunque sin ser exacta, aunque tenía un ojo totalmente vendado, ya que había perdido la vista (sólo en ese ojo).

Los efectos secundarios del ictus dependen de la parte del cerebro lesionada y de la gravedad del daño. Es esencial que haya suficiente flujo sanguíneo al cerebro, un examen no invasivo por ultrasonidos del cerebro. Esta prueba mide la velocidad o el ritmo al que fluye la sangre por los vasos sanguíneos del cerebro.

Al principio la pregunta que hay que hacerse:

DT: ¿Cómo te sientes?.

PA-13: Bien, sólo tengo un dolor de cabeza y, un poco, este ojo.

DT: ¿El de la venda?.

DT: Sí, el de la venda. ¿Y el otro?.

PA-13: No, el otro no me duele, puedo mirar bien. Pero me preocupa el otro, creo que va a ser un problema, antes del ataque no tenía ningún problema.

DT: No es de extrañar, porque la incidencia del ictus ha afectado a ese ojo, los médicos están trabajando para que pueda recuperar la vista.

La DT dejó claro que haríamos un seguimiento de la evolución tras el ictus, dadas sus limitaciones lingüísticas también informaría a los médicos que la atendían del resultado de esta sesión por si lo que allí se dijera fuera de ayuda.

Se le preguntó por la medicación, si la tomaba con regularidad y si observaba algún efecto positivo apreciable o sus sensaciones al respecto. Atónita ante esta pregunta, respondió que todo iba bien, aunque su expresión facial cambió y no parecía saber qué responder. Se mencionaron los nombres de los medicamentos y el horario para tomarlos.

PA-13 parecía cumplir y estaba respondiendo al tratamiento, según se deducía de la charla. Dijo que a veces sentía una somnolencia repentina después de tomar una de las dosis prescritas, pero que su dolor de cabeza mejoraba.

Otra pastilla, dijo, le provocaba náuseas, pero ya se lo había dicho a la enfermera. El DT tomó nota de todo lo que se dijo y esperó mi traducción.

Las siguientes preguntas serían sobre su capacidad para recordar plenamente su vida antes del ictus. Punto clave, porque me habían informado de que PA-13 no recordaba aspectos vitales de su vida.

Se le hicieron una serie de preguntas sobre su vida privada, empezando por la básica de repetir su nombre (intentando discernir si había alguna pérdida de memoria). Se le preguntó por su familia, apenas dudó en contestar, fue clara en la forma de comunicar los datos.

La dificultad parecía estar a la hora de hablar de su trabajo. No parecía ser capaz de recordar cuándo la habían agredido (que había sido en su lugar de trabajo) ni cuál era su trabajo, su reacción cambiaba cuando quería hablar de ello, se callaba y decía que sí trabajaba allí, pero de forma muy vaga.

Seguía siendo que la claridad de pensamiento que tenía para otras tareas se estaba convirtiendo ahora en dudas, su cerebro necesitaba tiempo para ordenar sus ideas y no había una respuesta directa. La DT se dio cuenta de ello e intentó suavizar el interrogatorio, porque no quería que PA-13 se pusiera nerviosa o se bloqueara en su intento y esfuerzo por responder.

No era fácil discernir si la PA-13 no recordaba o si no estaba motivada, de hecho algunas culturas sudamericanas suelen percibir este tipo de ataques como algo fortuito asociado a un fuerte impacto emocional.

No dejaba de pensar en un artículo que había leído antes de empezar la consulta sobre los síntomas del ictus. En él, había algunos aspectos básicos del ictus, relacionados con la pérdida de memoria. Cosas y aspectos como los siguientes:

Un ictus puede afectar al modo en que el cerebro comprende, organiza y almacena la información. Es lo que se conoce como cognición. Aquí le explicamos las distintas formas en que un ictus puede afectar a su cognición, los problemas que puede causar y lo que puede hacer al respecto. Está dirigido a las personas que han sufrido un ictus, pero también contiene información para familiares y amigos.

Se trata de una lectura siempre enriquecedora, que permite estar más cerca del proceso de traducción al asumir como lógicos y habituales algunos de los resultados de la enfermedad.

No hace falta ser un profesional en la materia, te acerca al conocimiento de la enfermedad y te facilita la interacción con las partes presentes.

El NHS es realmente prolífico en este enfoque, siempre con un contenido directo y llano (folletos explicativos), con un gran número de páginas con consejos sobre las enfermedades más prevalentes.

El DT esbozó algunos de los efectos secundarios más comunes tras un ictus:

Un ictus puede ser mortal. Entre los que sobreviven, muchos sufrirán discapacidad a largo plazo. Probablemente siempre necesitarán ayuda para hablar, moverse y cuidar de sí mismos.

DT: Las complicaciones a largo plazo de un ictus pueden ir desde (entre otras):

- debilidad o falta de movimiento (parálisis) en las extremidades.

- Dificultad para hablar o tragar.

- dificultad para leer o escribir.

- Cambios en la sensibilidad al tacto (problemas sensoriales).

- cambios en la forma de ver o entender las cosas (problemas perceptivos).

- problemas para pensar o recordar (problemas cognitivos).

- problemas para controlar los sentimientos y las emociones.

Estas preguntas pasaban por mi cabeza mientras el DT daba un descanso entre pregunta y pregunta y un vaso de agua con el descanso. No sé cuál era la intención del DT, pero debo admitir que en otros casos en los que he participado, las preguntas de reconocimiento siempre se hacían con bastante rapidez, como si no dieran demasiado tiempo para la reflexión.

Estas preguntas pasaban por mi cabeza mientras el DT daba un descanso entre pregunta y pregunta y un vaso de agua con el descanso. No sé cuál era la intención del DT, pero debo admitir que en otros casos en los que he participado, las preguntas de reconocimiento siempre se hacían con bastante rapidez, como si no dieran demasiado tiempo para la reflexión.

Yo supondría que esto se debe a razones de terapia psicológica que han sido claramente preparadas, no sé, puede ser simplemente un modus operandi de este DT. También es de suponer que es un intento de prevenir los estados negativos de la PA-13 como una supuesta depresión o cosas por el estilo. Aquí, como si escuchara mis pensamientos internos, el DT sigue mencionando precisamente este hecho:

DT: Debo advertir que los síntomas pueden llevar a la depresión.

Los síntomas aparecen de repente y pueden incluir debilidad muscular, parálisis, sensibilidad anormal o pérdida de sensibilidad en un lado del cuerpo, dificultad para hablar, confusión, problemas de visión, mareos, pérdida de equilibrio y coordinación y, en algunos ictus hemorrágicos, dolor de cabeza intenso y repentino.

La recuperación total suele producirse cuando el cerebro aprende a compensar el daño. Sin embargo, muchas personas nunca recuperan totalmente sus capacidades anteriores. La depresión es frecuente entre las personas que han sufrido un ictus. Es posible que no te sientas motivado para tomar la medicación o completar la rehabilitación física.

DT: Dependiendo de la parte del cerebro afectada, pueden producirse cambios en la personalidad y el estado de ánimo. Esto puede ser angustioso para la familia y los amigos cercanos. Es valioso intentar volver a la vida normal en la medida de lo posible. Intente reanudar algún tipo de trabajo y dedicarse a sus actividades, aficiones e intereses favoritos (tan pronto como reciba el alta hospitalaria).

DT: Dependiendo de la parte del cerebro afectada, pueden producirse cambios en la personalidad y el estado de ánimo. Esto puede ser angustioso para la familia y los amigos cercanos. Es valioso intentar volver a la vida normal en la medida de lo posible. Intente reanudar algún tipo de trabajo y dedicarse a sus actividades, aficiones e intereses favoritos (tan pronto como reciba el alta hospitalaria).

Debemos evaluar, a través de sesiones como en la que nos encontramos, los signos o aspectos negativos para conseguir mejorar incidiendo en los puntos débiles o haciendo hincapié en la medicación pertinente.

Están causados por una breve interrupción del riego sanguíneo a una parte del cerebro. Como el riego sanguíneo se restablece rápidamente, el tejido cerebral no muere, como ocurre en un ictus, y la función cerebral se recupera con rapidez.

El otro 20% de los ictus son hemorrágicos, debidos a una hemorragia en el cerebro o a su alrededor. En este tipo de ictus, un vaso sanguíneo se rompe, interfiriendo con el flujo sanguíneo normal y permitiendo que la sangre se filtre en el tejido cerebral o alrededor del cerebro. La sangre que entra en contacto directo con el tejido cerebral lo irrita y, con el tiempo, puede provocar la formación de tejido cicatricial en el cerebro.

También recuerdo haber leído en el mismo folleto de la entrada sobre los "derrames cerebrales" por nacionalidad, donde se decía que ciertas nacionalidades eran más propensas a tener derrames cerebrales. El DT no lo mencionó en su momento, tampoco pude adivinar la nacionalidad de PA-13, aunque su acento me dio una pista.

Los negros, hispanos, indios americanos y nativos de Alaska tienen más probabilidades de sufrir un ictus que los blancos no hispanos o los asiáticos. El riesgo de sufrir un primer ictus es casi el doble para los negros que para los blancos. Los negros también tienen más probabilidades de morir de un ictus que los blancos.

Había otros problemas, me refiero a déficits físicos, que padecía PA-13 y que ya estaban siendo evaluados por sus médicos en el hospital, pero no eran el tema específico de nuestra cita.

Los accidentes cerebrovasculares suelen dañar sólo un lado del cerebro. Como la mayoría de los nervios del cerebro cruzan al otro lado del cuerpo, los síntomas aparecen en el lado del cuerpo opuesto al dañado.

DT: Los principales factores de riesgo modificables del ictus son:

Hipertensión arterial. Niveles elevados de colesterol. Diabetes. Obesidad, sobre todo si el exceso de peso afecta al abdomen. Apnea obstructiva del sueño. Una dieta poco saludable (por ejemplo, rica en grasas saturadas, grasas trans y calorías).

PA-13: Es verdad, los médicos me han preguntado repetidamente en los últimos días sobre todas estas cosas que dices.

DT: Así es, su historial médico muestra todo ese seguimiento.

· · · ·

PA-22.

. . . .

Era una pareja, el hombre venía con aire encorvado, como si le costara moverse bien. A primera vista no había ninguna lesión visible. Yo les había esperado, sólo había dos personas en la sala y, como en el historial aparecía que mi paciente era un hombre, por la hora de la cita, supuse que se trataba de ellos.

En cuanto se sentaron, me levanté y les saludé, para comprobar que efectivamente era la persona a la que debía prestar apoyo en la traducción. Me confirmaron que estaba en lo cierto. Esperamos en silencio unos minutos y luego el médico nos llamó por su nombre para que entráramos.

Al instante me di cuenta de que se conocían, es decir, que habían tenido otras citas antes. Al principio, las preguntas eran las obvias, si era mejor y cuál era el propósito de la cita, si sólo venían para un seguimiento o para algo en regla. Por mi parte, aún no había podido averiguar de qué enfermedad o trastorno se trataba.

La mujer empezó a hablar en un tono más enérgico. Dijo que sus circunstancias eran muy dolorosas, que él sufría mucho y que les estaba resultando muy difícil hacer frente a su vida. El DT dijo que la operación era todavía muy reciente y que los efectos secundarios eran algo que se había hablado y contrastado en visitas anteriores.

La PA-22 lo sabía, sí, lo sabía, pero necesitaban algo más, ya que la medicación apenas hacía efecto. Tenía muchos dolores de cabeza, y eran dolores muy intensos. No podía dormir. Comentó que no esperaban encontrarse con esos dolores después de la operación. Dijo que no les habían avisado de que podía ocurrir algo así, algo tan espantoso.

Entonces, miró hacia su compañero (no estaba claro si era su marido o no), que asintió mientras se quitaba el gorro de lana que llevaba en la cabeza (bastante habitual en esta época del año ya que estábamos en pleno invierno). La verdad es que aunque el hombre era el asistente personal, apenas hablaba, la charla era entre el DT y la mujer.

La reparación de aneurismas cerebrales es una intervención quirúrgica para corregir un aneurisma en el cerebro o cerca de él. Se trata de una zona débil en la pared de un vaso sanguíneo que provoca su abombamiento o abombamiento y, en ocasiones, su estallido (rotura). Se había realizado una reparación endovascular (cirugía).

El DT simplemente insistió en que sabía que era duro, pero que tenían que ser un poco tolerantes ya que darle más dosis de medicación podría afectarle mucho, seguro que estaría en cama la mayor parte del día, y eso no era bueno para el proceso de recuperación.

La mujer escuchó y se puso más nerviosa, no suscribía la opinión del DT. Exigía una solución, no podía admitir que su pareja sufriera tanto. Ahora ella me reiteraba:

- Vamos a traducir (como para acelerar la conversación).

Como si me obligara a traducir más rápido. Fue realmente muy insistente. El DT se mantenía al margen. Su marido permanecía callado con la cabeza gacha.

No me molestó su actitud, pero me pareció que lo hacía con cierto ánimo provocador. En estos casos, con una enfermedad tan grave o una intervención quirúrgica, la verdad es que se puede entender que haya comportamientos agresivos, dolor y molestia.

Así que no queda más remedio que aguantarse e intentar ayudar al paciente, aunque por muy rápido que se haga la traducción, nunca habrá ninguna mejora en la PA-22. Al contrario, la lentitud es más adecuada.

Lo cierto es que PA-22 seguía sin calmarse mucho, el DT le dijo a la mujer que le iba a dar otra receta, que PA-22 tomara la medicación que le estaba dando pero con la condición de que dejara de tomar otra pastilla recetada anteriormente.

A ambos les pidió que estuvieran tranquilos y descansaran, con autocontrol. Creo que había un plan de recuperación bien definido, que se había iniciado en otras sesiones, porque el DT siempre hablaba como si fueran cosas contrastadas de antemano (para mí era mi primera cita, no sé hasta qué punto era cierto o no).

PA-22 me miró, aceptó la nueva opción de tratamiento, pero frunció el ceño, dijo cosas sobre que no era suficiente y me miró fijamente, como si yo tampoco le cayera muy bien. Creo que pensaba que mi traducción no le ayudaba, buscaba otra cosa, mi apoyo para convencer al DT de sus puntos.

Este escenario es relativamente habitual, en ocasiones cuando el ATS está inmerso en una crisis médica compleja y dolorosa (con mucho dolor de por medio), deja de tratar al IT como lo que es, un traductor, y actúa con una presión extrema, como pidiéndole que se implique en el dolor, o exigiéndole que colabore y arregle el cuadro médico.

Terminó la sesión, nos fuimos juntos y yo me fui, no parecían dispuestos a despedirse, lo que hasta cierto punto agradecí. Sólo puedo desearles que el dolor desaparezca.

· · · ·

PA-18.

PA-18 había sufrido un derrame cerebral. No tenía más de 40 años. Puede que fuera de un país africano. La acompañaba un hombre, pero no me dijeron quién era. Supongo que por la proximidad, la forma en que le cogía la mano y la forma en que se dirigía a ella, sospecho que era su marido. Era físicamente guapa. De nuevo, no hay datos anteriores relevantes (para el IT).

Otros pacientes de apoplejía parecen al borde de la muerte, ella parecía que acababa de salir de un sueño reparador. Todo olía bien y había flores. A los lados de la habitación, pequeños ramos de flores de diferentes colores, era muy alegre.

La cuestión era que había perdido la memoria, a juzgar por las primeras frases pronunciadas por el DT.

Hubo una secuencia de preguntas sobre su actividad cotidiana en el marco del control de su memoria. Ella se mostró muy dubitativa a la hora de responder, se tomó mucho tiempo, en este caso el DT no puso ninguna tensión en la entrevista, todo fue muy suave en el planteamiento.

PA-18 tenía una sonrisa muy peculiar en la cara, como si quisiera utilizarla para compensar algunas de las respuestas que no recordaba, que eran bastante sencillas. Al menos la sonrisa era optimista, aunque no fuera muy expresiva.

Dijo que lo que sí recordaba eran los síntomas antes de que ocurriera. Había experimentado, dificultad repentina para hablar (dificultad para que le salieran las palabras y a veces dificultad para hablar), confusión repentina, con dificultad para entender el habla, oscurecimiento repentino, visión borrosa o pérdida de visión, sobre todo en un ojo, y visión doble, mareo repentino o pérdida de equilibrio. Entonces era como si tuviera un fuerte mareo. Todo estaba borroso.

El marido permanecía cerca, pero no interfería. Digamos que le daba ánimos, pero en total silencio, comprendiendo perfectamente que era la PA-18 quien tenía que hacer el esfuerzo suplementario de responder con vistas a conocer su estado y/o la evolución de la enfermedad.

Otro efecto secundario visible, un brazo estaba afectado. Parcialmente inmovilizado. Los gestos y la posición del asistente lo delataban.

DT: Reconocer y reaccionar rápidamente ante los síntomas de un ictus es crucial para el éxito del tratamiento de la persona que sufre una lesión cerebral. Los tratamientos del ictus agudo dependen del tiempo transcurrido desde el episodio de ictus.

Por eso es tan crucial detectar con prontitud los síntomas del ictus y actuar lo antes posible. En el caso de esta PA-18, la enfermedad se trató de inmediato.

Ahora tocaba afrontar la fase de recuperación. Debo reconocer que de todos las PAs a las que había asistido con esta enfermedad, era la que tenía mejor aspecto, mejor memoria y mejores condiciones de recuperación. Siempre, claro está, dentro de la gravedad de la enfermedad y de las opciones mencionadas por el DT de poder sufrir otro ataque.

El DT también mencionó una resonancia magnética (no sé exactamente con qué propósito).

Si es necesario para confirmar el diagnóstico, un tipo especializado de IRM, denominado IRM ponderada en difusión, puede mostrar zonas de tejido cerebral que están grave y normalmente permanentemente dañadas y ya no funcionan. La RM ponderada en difusión suele ayudar a los médicos a diferenciar un accidente isquémico transitorio de un ictus isquémico. Sin embargo, este procedimiento no siempre está disponible.

• • • •

• • • •

Haría falta mucho trabajo para volver a poner en pie ese brazo.

La rehabilitación se inicia en el hospital tan pronto como las personas son físicamente capaces, normalmente en el plazo de uno o dos días tras el ingreso. Mover las extremidades afectadas es una parte importante de la rehabilitación.

Mover las extremidades con regularidad ayuda a evitar que los músculos se acorten y se tensen (lo que se denomina espasticidad). También ayuda a mantener el tono y la fuerza musculares. Si el paciente no puede mover los músculos por sí mismo, un terapeuta lo hace por él. Se les anima a practicar otras actividades, como moverse en la cama, girarse, cambiar de postura y sentarse.

Mire lo que dice el folleto del NHS sobre esta enfermedad a modo de resumen:

- Los tratamientos modernos del ictus isquémico y hemorrágico han alcanzado un avanzado estado de desarrollo en la era moderna de la tecnología digital y de dispositivos.

- Los tratamientos neurointervencionistas permiten realizar intervenciones quirúrgicas en el cerebro sin necesidad de abrir quirúrgicamente el cráneo y ofrecen excelentes alternativas de tratamiento para todas las formas de ictus y enfermedades cerebrovasculares. Estos avances son oportunos, ya que se producen en una época en la que la incidencia de los accidentes cerebrovasculares aumenta a medida que envejece la población.

· · · ·

PA-71.

No se me informó del motivo exclusivo de la visita. Había tres personas, un hombre, una mujer y un joven. Aunque no tenía información, pude deducir que alguien de la familia ya había sufrido un ictus, creo que estaba ingresado.

Se les iba a informar sobre la prevención y las secuelas de estos casos de ictus, relacionándolos con el sufrido por su familiar.

Mira lo que se dice en este *punto de práctica* de la Guía Práctica del Psicólogo (APS):

- Los médicos informan a los intérpretes sobre la naturaleza de la consulta antes de que empiece, siempre que sea posible, reconociendo la necesidad de ayudar al intérprete a prepararse para la información que puede tener que interpretar.

Pero en la mayoría de los casos, sobre todo en los más complejos y difíciles, no se da ninguna información, lo que dificulta la tarea del informático, especialmente en estos casos en los que la carga teórica es muy elevada.

La DT estaba sola, en la parte médica. Era un despacho de una clínica privada, aunque no había ruidos ni otras personas, la habitación estaba cerrada con llave, así que al menos pudimos tener la reunión en calma. No era mi primera vez en esta clínica, por lo tanto, tenía cierta idea de lo que podíamos tratar, y es que siempre que he ido a esta clínica ha sido por temas de ictus, la mayoría de las veces el estado era bastante grave.

La DT comenzó la conferencia. Lo hizo como si fuera una conferencia, tenía una pantalla y un proyector. Se dijeron este tipo de cosas:

El 80% de los accidentes cerebrovasculares podrían prevenirse actuando sobre un pequeño número de factores de riesgo, como la hipertensión, la dieta, el tabaquismo y el ejercicio. Las medidas preventivas también contribuirían a una reducción masiva de los accidentes cerebrovasculares y a los objetivos generales de reducción de enfermedades cardiovasculares, cáncer, diabetes y otras causas importantes de muerte y sufrimiento en Oriente Medio.

También facilitaría centrarse en dos puntos de apoyo muy importantes:

- Acceso a terapia combinada de dosis bajas para pacientes con riesgo medio de ictus.

- Acceso a tecnologías móviles innovadoras para facilitar el acceso a la información preventiva.

La DT mostraba al mismo tiempo algunas imágenes en la pantalla, que en ocasiones podía utilizar para volver sobre ellas y lo que significaban o, en otras, simplemente dejarlas como referencia visual explicativa. Los asistentes mostraron interés, escucharon mi traducción y siguieron el proceso ideado por la DT.

También mostró detalles de las Directrices para la prevención del ictus en pacientes con ictus y accidente isquémico transitorio del Reino Unido de 2018. La directriz era realmente compleja, presentaba mucho material de fondo variado, con terminología específica, y ofreció un enlace por si los presentes querían revisarla más tarde.

Reflejaba una sección que había titulado "Señales de alerta, riesgo y prevención del ictus". Hay varias señales de advertencia de un posible ictus:

- Entumecimiento o debilidad repentinos de la cara, el brazo o la pierna, en un lado del cuerpo.

- Confusión repentina, dificultad para hablar o entender a los demás.

- Dificultad repentina para ver por uno o ambos ojos.

- Dificultad repentina para caminar, mareos, pérdida de equilibrio o coordinación.

- Dolor de cabeza intenso y repentino sin causa conocida.

También reiteró que la prevención es siempre un factor beneficioso. La mejor manera de mantener sano el cerebro es evitar que se produzca un ictus. Las mejores formas de evitar que se produzca un derrame cerebral son las siguientes:

- Mantener la tensión arterial bajo control mediante cambios en el estilo de vida.

- No fume o deje de fumar.

- Tomar medidas para controlar el colesterol.

- Limitar el consumo de alcohol.

- Hacer ejercicio con regularidad.

- Mantener un peso saludable.

El discurso estaba muy bien organizado, era en powerpoint, los datos eran muy concisos, con imágenes y argumentos y mensajes sólidos. El público pareció seguir el razonamiento y no hizo preguntas.

El médico puede recetar medicación para tratar afecciones preexistentes que pueden afectar al riesgo de ictus. Siga estas pautas:

- Pida que se la repongan dos semanas antes de que se le acabe la medicación.

- Siga tomando la medicación incluso después de sentirse mejor.

- Hable con su médico sobre los efectos secundarios relacionados con la medicación.

- Informe a su médico si está tomando algún medicamento sin receta.

- Utiliza un pastillero para organizar tus medicamentos.

Además, se refería a la medicación habitual. Algunos se mencionaron a grandes rasgos, como los antiagregantes plaquetarios, fármacos que ayudan a prevenir los coágulos sanguíneos y reducen el riesgo de infarto de miocardio o ictus (entre sus posibles efectos secundarios figuran el aumento del riesgo de hemorragias y la facilidad para hacerse moratones).

Aspirina/dipiridamol (Aggrenox), clopidogrel (Plavix) o ticlopidina (Ticlid), o anticoagulantes (diluyentes de la sangre), que reducen la capacidad de coagulación de la sangre. Entre sus posibles efectos secundarios se encuentran el aumento del riesgo de hemorragias y la aparición fácil de hematomas. Dabigatrán (Pradaxa), heparina o warfarina (Coumadin).

La alimentación y una dieta adecuada se enumeraron como medidas para prevenir el ictus, pasando a una advertencia más específica: controlar el estrés. Al sentirnos más estresados, nuestra sangre producirá más hormonas. Aunque son útiles en pequeñas cantidades, con el tiempo un exceso de estas hormonas puede dañar los vasos sanguíneos y provocar hipertensión.

Muchos acontecimientos de la vida, como mudarse de casa, perder el trabajo o los problemas familiares, pueden ser estresantes. Los problemas cotidianos también pueden causar estrés. Hay muchas formas de estrés. Identifica lo que te estresa y aprende a gestionarlo lo mejor que puedas.

La DT recordó a los asistentes las causas de la hipertensión arterial. En su caso, había un factor muy fuerte que nunca debían olvidar: los antecedentes familiares.

El ictus interrumpe el flujo sanguíneo al cerebro: sin oxígeno, las células cerebrales mueren. Es una forma de enfermedad cerebrovascular, lo que significa que afecta a los vasos que suministran sangre al cerebro. Al igual que el corazón, las células cerebrales necesitan un suministro constante de sangre rica en oxígeno.

· · · ·

PA-25.

Como en otras ocasiones, el paciente no estaba del todo seguro del motivo por el que se le iba a realizar la prueba, pero había consentido la orientación del médico. Esto siempre supone una complejidad añadida para el informático, ya que traducir este tipo de declaraciones no es fácil de transmitir cuando el PA-25 no está del todo seguro del motivo de la prueba. En cierto modo, el informático se convierte en un intermediario que facilita la explicación y hace más explícitos los hechos.

La mujer llegó con una cara sonriente unos 20 minutos antes de la cita, yo la estaba esperando. Venía acompañada de otra mujer. Nos presentamos la una a la otra.

La sesión era para una exploración pre-médica, previa a una Ecografía Doppler Transcraneal (TCD). Este laboratorio disponía de una ecografía Doppler transcraneal que se utiliza para medir la adecuación del flujo sanguíneo.

Como de costumbre, se informaba detalladamente a la PA-25 sobre las particularidades de la ecografía, el montaje de la prueba, lo que ocurre durante la prueba, después de la prueba y el procedimiento en general. Esta paciente casi no hablaba inglés, por lo que la labor del informático era aún más necesaria.

Este estudio no invasivo es realizado por neurólogos y técnicos altamente cualificados y experimentados con formación especial en ecografía neurovascular y expertos en el tratamiento del ictus.

DT: ¿Cómo funciona el TCD?. El TCD envía ondas sonoras a través del cráneo hasta las arterias. Las ondas sonoras, denominadas ultrasonidos, rebotan para dar una indicación del flujo sanguíneo en las grandes arterias del cerebro ("velocidad").

Las ondas sonoras golpean los glóbulos rojos de la sangre. Estas ondas cambian la velocidad de los glóbulos rojos. El DTC registra su intensidad cuando las ondas acústicas rebotan. La diferencia de intensidades detecta anomalías en el flujo sanguíneo hacia y dentro del cerebro.

DT: ¿Qué ocurrirá durante la prueba?. Un tecnólogo neurovascular indicará a la PA-25 que se siente en una silla o se tumbe en una cama. Se aplicará gel en distintas zonas del cuero cabelludo para evitar que las burbujas de aire bloqueen las ondas sonoras, ya que los ultrasonidos no viajan bien a través del aire.

Normalmente se examinan tres zonas de la cabeza: las sienes, los ojos cerrados y la parte posterior del cráneo. El tecnólogo ajustará el volumen del sonido del altavoz para localizar los vasos sanguíneos que se van a estudiar. La prueba suele durar entre 45 y 60 minutos.

PA-25 había escuchado al DT. Era una mujer madura, su edad era difícil de juzgar, estaba sentada inmóvil, observándome con ojos curiosos y apreciativos. Estaba acompañada por un familiar, que se encargaba del ritmo de la discusión. Todo era muy privado, quiero decir, personal.

Esta ecografía transcraneal se realizó debido a signos como pérdida del equilibrio, debilidad frecuente en brazos o piernas, hormigueo o entumecimiento en un lado del cuerpo, migraña crónica y antecedentes familiares de ictus.

DT: ¿Para qué sirve el TCD?.

- Diagnóstico de vasos sanguíneos y arterias estrechos u obstruidos que suministran sangre al cerebro (estenosis y oclusión de la arteria carótida).

- Detección de foramen oval permeable (FOP) y otros orificios del corazón que no se cerraron como debían tras el nacimiento (derivaciones).

En este caso, la aplicación general del TCD se explicó de forma bastante sucinta y, lo admito, tuve que pedirle que me lo repitiera dos veces para poder continuar con mi tarea. El familiar me miró fijamente, como si no le gustaran mis pausas. Para el DT esto no supuso un gran problema.

Por mi parte respeto la demanda del paciente, pero también debo transparentar que nadie me comentó previamente de qué se trataba, no se me dieron pautas ni un preliminar que se supone se da en casos de manifiesta complejidad como éste. La informática necesita un briefing, sobre todo en estos casos. Había mucha terminología.

Si una de las partes es dura o, digamos, muy insistente, la charla puede adquirir tintes de una leve tensión que no debería existir. El hecho de que el informático pida que se repita, algo habitual en las conversaciones habituales, no refleja falta de conocimientos, sino todo lo contrario, significa un deseo de concretar los términos y realizar el trabajo de traducción de la forma más profesional posible.

Por otro lado, el nivel de exigencia en esta reunión, basado en la velocidad de la discusión, puede ser perjudicial, se trata de explicar y facilitar al paciente puntos básicos sobre un mismo procedimiento, los detalles, no se trata de hacerlo con un cronómetro en la mano.

Y hubo más explicaciones (entre otras):

- Detección de vasoespasmo (constricción de un vaso sanguíneo) tras una hemorragia en la zona entre el cerebro y los finos tejidos que lo recubren debida a un aneurisma hemorrágico o a un traumatismo (hemorragia subaracnoidea).

- Monitorización de fármacos que disuelven los coágulos sanguíneos (terapia trombolítica) en los vasos sanguíneos para determinar la aparición de Reperfusión (daño tisular).

- Control de la hemodinámica cerebral (movimiento de la sangre).

No hubo comentarios sobre la historia clínica, ni sobre la medicación, todo se centró en el TCD. Por último, menciones a los datos del procedimiento:

- Seguro e indoloro, sin complicaciones, proporciona resultados inmediatos, el paciente puede marcharse tras la intervención, el procedimiento dura aproximadamente entre 45 y 60 minutos.

Este fue el único caso al que asistí de esta naturaleza, me refiero a TCD. Es uno de esos casos que te dejan un mal sabor de boca. No sabes por qué, no había nada raro, y el ambiente era como tantas otras veces, pero me sentí incómodo.

La falta de conocimientos previos es algo muy grave, puede acabar perjudicando a los informáticos en poco tiempo, por mucha experiencia y dedicación que tengan para hacer su trabajo. Tomé un tren de vuelta desde la estación de Pancras y mi mente volvía a su estado de ánimo original.

9. Manejando Emociones con Gráficos ECG

PA-33.

La PA-33 experimentaba una sensación de frustración por un logro no alcanzado, un fuerte deseo personal de alcanzar ese objetivo concreto la había llevado a una situación de gran dificultad emocional. Se consideraba frustrada en este sentido y, durante mucho tiempo, este sentimiento negativo había estado dando vueltas en su mente. Pidió ayuda al DT para hacer frente a estos pensamientos tan negativos.

PA-33: Cuando menos me lo espero, el mismo recuerdo vuelve a mi mente. Ese día me resulta muy problemático concentrarme en mis obligaciones y mi estado de ánimo decae bruscamente.

DT: ¿Influye en su rutina?. ¿Tienes una vida enérgica?.

PA-33: Hay fases en las que estoy activa y esas emociones se apartan en mi mente, pero de repente vuelven, sobre todo en esos momentos de sueño o de vigilia, como si fuera una pesadilla. Siempre es lo mismo.

DT: ¿Así que también afecta a tu descanso?, ¿a tus horas de sueño?.

PA-33: No siempre, pero los días que vuelve, mi mente lo absorbe por completo, me despierto como de un mal sueño, aunque sé qué sueño es, pero me cuesta volver a dormir.

DT: ¿Qué haces cuando te despiertas?.

PA-33: Simplemente bebo un vaso de agua, o salgo a la terraza unos minutos, al cabo de poco tiempo me siento mejor. El caso es que ocurre una y otra vez, como he dicho, en cortos intervalos de tiempo. Tengo la impresión de que mi temperamento ha cambiado por este motivo. Me cuesta mucho más reír, es como si tuviera miedo de mí mismo. Dudo más a la hora de expresar mis sentimientos.

DT: La risa puede ser una buena válvula de escape para estos estados de ánimo. En el mejor de los casos, detiene transitoriamente la tensión interna o mitiga la ansiedad y la excitación durante unos instantes.

PA-33: No es sólo el sueño, el problema es que mi mente va a esa parte baja con demasiada frecuencia, siento que me he fallado a mí misma, que mis capacidades mentales están en duda. La fragilidad se apodera de mí, siento que no tengo control sobre mí misma.

DT: En realidad, un logro fallido es sólo eso, un único logro fallido, deberías intentar marcarte otros objetivos, y así cuando consigas tus nuevos objetivos las heridas desaparecerán.

Tu deseo insatisfecho te está haciendo daño, porque se alimenta de la falta de algo que no tienes en ese momento, incluso de algo que puedes haber perdido hace tanto tiempo que lo has olvidado y sólo te queda el vacío que dejó la pérdida.

PA-33: He recurrido incluso a tomar pastillas para dormir, pero eso no mejora mucho el estado, aunque tengo que admitir que las pastillas hacen efecto, pero me duermo con mucha facilidad durante el día. Son perjudiciales para mi trabajo. El sueño no dura 24 horas, durante las horas que no duermo la afección reaparece una y otra vez.

DT: ¿Quién te recetó esas pastillas?.

PA-33: El médico de cabecera.

DT: Entiendo. ¿Son eficientes?

PA-33: Sí, te ayudan a dormir, pero en realidad no ayudan al panorama general.

DT: El deseo es la fuente de tu sufrimiento porque te esclaviza. Cuando estamos obsesionados por una cosa, la posesión o el disfrute de la misma se convierte para nosotros en un impulso absoluto, y la codicia es una fuente de tormento. No poder satisfacer el deseo produce la frustración de la que hablas.

Cuanto antes aprendas a utilizar los límites a tu favor, a aceptar la frustración con conciencia y tolerancia y a hacer de la disciplina un valor, más la superarás. Tienes que aprender a gestionarla, a guiar ese sentimiento.

El deseo es urgente y apremiante, busca saciarse si es posible rápidamente, o mejor aún, instantáneamente. Y nos impulsa a actuar deprisa para conseguir, cueste lo que cueste, lo que deseamos. Por eso es tan importante encontrar formas de aprender a gestionar los impulsos y los deseos, así como comprender y entrenar la tolerancia a la frustración.

PA: No sé, no me veo con mucha fuerza para lograr la disciplina de la que hablas.

DT: No puedes rendirte y realizarás tus sueños más salvajes. De lo contrario, la frustración puede convertirse en una emoción muy destructiva para usted. De hecho, ya está haciendo ese trabajo, tienes que pararla.

DT: Tienes que bloquear esa gran sensación de malestar. En lugar de seguir esa dinámica, debes dedicar un tiempo a pensar por qué no has conseguido lo que tanto deseabas y encontrarás las mejores alternativas. Márcate un nuevo objetivo u objetivos que sean reales.

Al marcarte un objetivo real, combatirás tu nivel de autoexigencia, es como un freno, ha pasado el tiempo pero cada vez te sientes peor, márcate el objetivo real y ve a por él, necesitas metas más pequeñas, ese será el freno. Eso te ayudará seguro a conseguir una mejor salud física y mental. Centra tus esfuerzos en esa línea.

. . . .

PA-11.

PA-11 dijo que había llegado recientemente de su país de origen hace unas semanas y que desde su llegada se había sentido muy mal. Tenía dolor torácico constante y malestar general, con fuertes dolores musculares, problemas para dormir y fuertes contracciones en las piernas, sobre todo por la noche.

El aspecto de PA-11 era espantoso, realmente se parecía a alguien que dormía en la calle, olía asquerosamente, ese olor de algún vagabundo que vive en el metro y se sienta a tu lado. Hablaba muy despacio, pero con coherencia, y, muy rápido, me puso al corriente de sus dolores en cuanto me identificó como su informático.

Venía de un país africano, que unos amigos le habían dado un contacto para que viniera y que le darían trabajo cuando llegara, el problema es que no había nadie en la dirección de sus amigos, o mejor dicho, sus amigos no estaban, y ahora estaba preocupado por su futuro, por cómo instalarse decentemente y por cómo afrontar su búsqueda de trabajo.

Para colmo, sus dificultades de salud le estaban golpeando duramente, pero se alegraba de acudir al médico y esperaba remedios en los próximos días. Su mirada era clara y directa, se comunicaba con gran facilidad.

Siempre estaba muy fatigado y se tocaba el lado izquierdo del pecho, a la altura del corazón. DT dijo que iban a hacerle un ECG y le explicó el motivo.

Un electrocardiograma puede utilizarse para medir o detectar:

- Ritmos cardíacos irregulares (arritmias).

- Si la obstrucción o estrechamiento de las arterias del corazón (enfermedad arterial coronaria) está causando dolor en el pecho o un ataque al corazón.

- Si ha sufrido anteriormente un infarto de miocardio.

- La eficacia de determinados tratamientos de cardiopatías, como un marcapasos.

Necesitará un ECG si presenta alguno de los signos y síntomas de seguimiento que se enumeran a continuación:

Dolor torácico. Mareos, aturdimiento o confusión. Palpitaciones. Pulso acelerado. Falta de aliento. Debilidad, fatiga o disminución de la capacidad de ejercicio.

DT: Un electrocardiograma (ECG) es una prueba sencilla y no invasiva que registra la actividad eléctrica del corazón. Un ECG puede ayudar a diagnosticar ciertas afecciones cardíacas, como ritmos cardíacos anormales y enfermedades coronarias (infarto de miocardio y angina de pecho).

Pasamos al ECG, más tarde el médico le haría más comentarios y preguntas, pero quería tener los resultados de este ECG. PA-11 se tumbó en una camilla y el médico instaló los aparatos para leer el ECG.

Privado de la ropa en la parte superior de su cuerpo, el médico pudo ver que su piel estaba marcada, al principio me recordó a alguien que tenía sarampión, la pregunta de la DT era obvia, ya que quería saber de dónde venía la espantosa condición de la piel en su pecho y espalda.

Su respuesta fue rápida y contundente. Era que en la vieja habitación en la que se había alojado había pulgas en el colchón y, aunque él no se había dado cuenta, le habían picado durante varios días causándole lo que se veía. Tenía marcas rojas de diferentes tamaños por todo el cuerpo.

Se pidió al PA-11 que se tumbara en la camilla. El médico le limpió varias zonas de los brazos, las piernas y el pecho y luego le colocó unos pequeños parches llamados electrodos en esas zonas. No se indicó el número total de parches.

DT le pidió que permaneciera inmóvil durante el procedimiento. También le pidió que contuviera la respiración durante unos segundos mientras se realizaba la prueba. Es importante estar relajado y abrigado durante el registro del ECG, ya que cualquier movimiento, incluido el escalofrío, puede alterar los resultados.

Si los síntomas tienden a aparecer y desaparecer, es posible que no se detecten durante un registro de ECG estándar. Su médico puede recomendarle una monitorización remota o continua del ECG. En este caso no se solicita.

Los parches se conectan mediante cables a una máquina que convierte las señales eléctricas del corazón en líneas onduladas, que suelen imprimirse en papel. El médico revisa los resultados de las pruebas.

Esas líneas representan las señales eléctricas procedentes del corazón. Si la prueba es normal, debería mostrar que el corazón late a un ritmo uniforme de 60 a 100 latidos por minuto.

• • • •

• • • •

En un ECG pueden aparecer muchas afecciones cardiacas distintas, como un ritmo cardiaco rápido, lento o anormal, un defecto cardiaco, una enfermedad coronaria, una valvulopatía o un agrandamiento del corazón. Un ECG anómalo también puede indicar que ha sufrido un infarto en el pasado o que corre el riesgo de sufrirlo en un futuro próximo.

El resultado del ECG fue bastante negativo y confirmó las sospechas de DT. El paciente mostró signos de cansancio y fatiga, preguntando si tardaría mucho. En ese momento el médico estaba en una habitación separada, por lo que no pude confirmarlo.

DT: ¿Es usted fumador?.

IT: Sí, fumo desde hace varios años.

Le dije que le harían otras pruebas específicas. Pero en su situación tendría que solicitar el ingreso en el hospital inmediatamente.

10. Músculos Fatigados y Respiración Pausada

PA-40.

Me sorprendió mucho la PA-40 por su aspecto, era joven, lo que no era habitual en esta categoría de casos. Tenía dolores de espalda y fuertes dolores. El DT le dio una respuesta más larga que la media sobre su problema. A menudo, los osteópatas se apresuran a actuar, se trata de una aplicación práctica, pero hoy dio un giro.

La joven dijo que estaba muy insatisfecha con la terapia hasta el momento. El DT se mostró más distante de lo habitual (intuí que no creía sus quejas). En cualquier caso, la PA-40 empezó a relajarse poco a poco y a tumbarse en la camilla, como le había pedido el DT, aunque hacía muecas de dolor.

Mantuve la distancia, no necesitaba estar cerca de ellos para traducir y no quería estar en un espacio que pudiera obstaculizar sus movimientos. Esta sesión fue en una sala interior, bastante grande. Lo digo porque la mayoría de las veces se hacen en espacios que sólo están separados por cortinas, pero hoy era de otra manera. La sala era realmente cómoda.

La joven, mientras estaba tumbada antes de que el DT la tocara, me pidió que le tradujera dónde tenía la zona dolorida y que tenía punzadas y dolor cuando se daba la vuelta y cosas por el estilo. Estos comentarios no parecieron sorprender a la DT, que ya la había tratado antes.

La PA-40 mostraba una insistencia inusual en sus dolencias, los AP de fisioterapia generalmente escuchan más al DT y siguen los ejercicios buscando maximizar la sesión, sin embargo hoy con esta PA-40 era diferente, no se mostraba muy participativa, al menos al principio.

Podría decirse que tenía miedo de hacer movimientos que le causaran más dolor que el que tenía cuando llegó a la clínica.

La PA-40 dijo que no sabía si era la distensión muscular, la distensión de ligamentos o lo que fuera, pero que tenía que haber algún proceso inflamatorio para que su dolor no cesara. No se explicaba cómo las constantes revisiones no funcionaban. No había duda de que la AP se acercaba al factor de riesgo de la ansiedad.

Por los comentarios recibidos, su tipo de dolencia era de larga data, y ella llevaba mucho tiempo buscando la terapia adecuada. Por otro lado, las radiografías y otras exploraciones no habían encontrado nada fuera de lo normal, ninguna lesión grave, de ahí las dudas del DT. El cuadro era un poco engañoso, es decir, el PA-40 mencionaba dolor en la pierna.

El DT decía que el dolor de piernas se debe sobre todo a la compresión del nervio ciático con las contracciones musculares, la ciática es una de las complicaciones comunes del dolor de espalda, pero rara vez en personas de su edad, sino más bien en personas mayores. Habría que comprobarlo en profundidad.

El DT aplicó las técnicas utilizando sus manos y orientó a la PA para que realizara movimientos suaves y precisos siguiendo sus indicaciones. La PA realizó sólo una parte de lo que se le pidió y enseguida dijo que le dolía mucho.

Hubo varios ejercicios exigidos por el DT, siempre con un final parcial. El DT le pidió que volviera a intentarlo al cabo de unos minutos, simplemente para relajarse e intentar seguir los pasos indicados.

La mayoría de las técnicas osteopáticas son bastante suaves y tienen por objeto corregir la movilidad y el equilibrio. El osteópata realiza un diagnóstico que consiste en evaluar el grado de libertad de movimiento de determinadas articulaciones en relación con la dolencia o el dolor de espalda del paciente.

Busca recuperar el equilibrio perdido del organismo, reactivando los mecanismos de autocuración mediante diversas técnicas terapéuticas. La osteopatía es una de las ramas de la fisioterapia que trata gran parte de las patologías musculoesqueléticas más comunes.

Con la aplicación de la técnica de energía muscular, el DT intenta relajar los músculos pensionados o acortados. El paciente realiza una contracción muscular sostenida mientras el terapeuta estira los músculos. El DT planteó la posibilidad de aplicar otra técnica, pero en este caso el paciente se negó rotundamente.

La interpretación de las sesiones de fisioterapia requiere un buen conocimiento de la terminología del cuerpo humano, la musculatura y los huesos en el marco de múltiples patologías. La presencia de IT no siempre se interpreta bien, podemos necesitar remitirnos a un *punto de práctica* de APS:

Los médicos presentan al intérprete a la persona y le explican el papel del intérprete como miembro no clínico del equipo sanitario, que tiene la misión de facilitar la comunicación en la consulta clínica mediante la interpretación, manteniendo la imparcialidad.

Estoy totalmente de acuerdo. Aunque este punto de la práctica está orientado a diferentes opciones con médicos y PA, es especialmente válido en las citas de fisioterapia.

· · · ·

PA-100.

· · · ·

El médico me dijo que pasara, en cuanto me presenté como intérprete. En la habitación había juguetes, como si fuera una sala infantil.

DT- Es un caso de asma, en un niño. He llamado a un informático, porque en la última consulta no entendían nada, acaban de llegar a Middle y ninguno de los dos habla inglés, ni él ni su madre, y están solos. Si quieres te doy algunos consejos generales.

IT- OK, cuéntame de manera general algunas cosas sobre la enfermedad.

DT- Sí, mira, también puedes utilizar este PC haciendo una búsqueda. Sí, claro, ahí está toda la sabiduría (refiriéndose al buscador).

Mientras la DT empezaba a hablar, la escuchaba y también hacía una búsqueda en el PC, con frases cortas como: ¿Se contagia el asma?, ¿Se lo puedo transmitir a mis hijos?, o similares, de forma que también podía comparar algunas de las definiciones con ella y además de aprender algo nuevo, podía agotar el tiempo de espera de la AP que se estaba retrasando.

He aquí algunos detalles intrigantes que aparecieron en la pantalla, y que fueron plenamente aceptados por el DT:

El asma no es "contagiosa" porque no es una enfermedad infecciosa. Sin embargo, algunas personas creen que sí lo es porque:

- puedes resfriarte, lo que puede empeorar el asma.

- El asma y las afecciones alérgicas suelen ser hereditarias, y algunas personas piensan que el asma es una enfermedad infecciosa.

- El asma es más común ahora y la gente cree (erróneamente) que se está extendiendo como enfermedad infecciosa.

El DT añade algunas ideas que merecen la pena:

Una de las explicaciones más plausibles del reciente aumento de las enfermedades alérgicas es la llamada "hipótesis de la higiene". Esta antigua teoría afirma que las personas expuestas a muchos organismos infecciosos diferentes están protegidas contra el desarrollo de enfermedades alérgicas.

IT- ¿Se puede curar el asma?.

DT: No, el asma no puede curarse, pero puede controlarse con un tratamiento eficaz. Los síntomas pueden aliviarse completamente con un tratamiento eficaz, y a veces pueden desaparecer incluso sin un control eficaz.

El asma es, por tanto, una enfermedad volátil. Hay veces en que la gente piensa que debe estar curada porque está completamente asintomática. Aunque este estado sin síntomas (llamado remisión) puede durar mucho tiempo, una vez que se ha padecido asma siempre se correrá el riesgo de volver a padecerla, incluso años después. Probablemente sea mejor pensar que el asma entra en remisión en lugar de curarse.

IT- ¿Pueden morir los niños de asma?.

DT: Los niños pueden morir de asma, pero es muy infrecuente. Sin embargo, cuando la muerte de un niño podría haberse evitado, es trágico.

IT- Leí en el periódico local que alguien había muerto como consecuencia de un ataque de asma. ¿Por qué ocurre esto?.

Como el asma está tan extendida, es fácil pensar que se trata "sólo de asma", pero es esencial saber que el asma puede tener repercusiones muy graves. Aunque las muertes por asma son poco frecuentes, muchos de estos tristes sucesos están asociados a factores potencialmente prevenibles y, por tanto, podrían haberse evitado.

Se producen muchas muertes en personas con asma no controlada, por lo que es vital que se someta a revisiones periódicas, sobre todo si necesita utilizar más de un inhalador de alivio al mes.

Llamaron a la puerta. Entró el PA-100 con su madre. La PA, o mejor dicho la madre, se tomó la enfermedad muy en serio, no cayó en el error habitual de considerarla a la ligera, como una enfermedad leve, al contrario, preguntó, investigó e indagó y quiso obtener toda la información necesaria para actualizar la mejoría o pronóstico futuro de su hijo.

DT: Para prevenir los ataques de asma y la posible muerte:

- Disponga de un plan de acción personal contra el asma (pídale uno a su médico o enfermera).

- Tómese el asma en serio.

- Asegúrese de recoger regularmente las recetas de los inhaladores preventivos.

- Tome su medicación con regularidad.

- Acude a las revisiones del asma.

- Averigua cómo saber si tu asma está fuera de control.

- Busque ayuda médica urgente si su asma está fuera de control.

Tiene un asma muy grave e inestable a pesar de tomar sus medicamentos para el asma. Es asma frágil o asma crónica grave.

PA-100 había sido trasladado de urgencia al hospital hacía días. Su asma le estaba causando graves complicaciones de salud. El DT también insistió en que se le administraran inhaladores preventivos.

· · · ·

PA-65.

La cita era en un centro moderno y de gran capacidad. Me dirigieron a una habitación que parecía acogedora y tranquila. Había una cama y una anciana en ella. Al principio no parecía moverse. Me dieron unas notas muy genéricas sobre su estado y poco más. En seguida entraron dos miembros del personal médico.

La anciana parecía estar muy delicada de salud, por lo que pude observar. Apenas se movía y no parecía decir nada ni responder a los comentarios iniciales que se hicieron, que de momento no iban dirigidos a mí, lo que despertó mi curiosidad por saber qué tipo de traducción iba a hacer dadas las circunstancias.

Me indicaron que esperábamos a una hija y a un hijo que venían de camino. Esperamos unos minutos y, efectivamente, llegó una mujer, y también me dijeron que el hijo estaría fuera, así que podíamos empezar. La última del equipo médico en entrar fue la doctora, muy joven y enérgica en sus expresiones.

Me preguntó si yo era el intérprete, aunque me habían presentado, por supuesto, y le dije que sí. Frunció el ceño y tuve la sensación de que no aprobaba mi presencia. Era como si le hubieran presentado a un gato.

Un paramédico dejó claro que la paciente estaba bajo los efectos de un fuerte analgésico, que le habían administrado justo antes de nuestra llegada. Los demás presentes permanecieron en silencio, incluida la hija, que fue la última en llegar hasta nosotros.

Me dio un poco de vergüenza, porque la anciana no dijo nada, sólo movió ligeramente dos dedos de su mano derecha, pero no habló. Empezaba a preguntarme seriamente por qué me habían llamado como informático y cómo iba a ser capaz de mantener la comunicación con alguien en ese estado.

El DT tomaría la iniciativa en el interrogatorio, continuando con un tono bastante enérgico y casi beligerante, en contraste con el silencio y la poca acción de los demás presentes. La hija estaba sentada cerca de la cama, cogiendo una de las manos de PA-65.

La DT repasaba el estado de la paciente muy rápidamente, sin apenas darme tiempo a traducir para los presentes. Señaló que la hija entendía bastante bien el idioma, así que no tuve que preocuparme por ella, el punto clave es que tuve que repetirle a la paciente todo lo que se dijo allí en su lengua materna (dijo la DT).

Este comentario me confirmó que la DT no aprobaba mi presencia. Decir que tenía que traducir al idioma original de la PA suena a cachondeo, ese era mi trabajo y esa era la tarea que siempre se hacía, no tenía sentido tener que volver a hacerlo.

Asentí con la cabeza, aunque no entendí del todo las palabras de la DT, que se negaba a repetirse y lo que decía no tenía mucho sentido, porque la anciana en realidad no decía nada, sólo podía emitir un suave balbuceo como el de un niño que no sabe hablar o el de un recién nacido.

Su postura en la cama era fija, estática, no había movimiento alguno, salvo el movimiento de los dedos de su mano derecha. A veces algunos de los dedos de esta mano se movían, pero ni siquiera era capaz de mover toda la mano.

La hija no dejaba de mirarme, pero estaba completamente callada, sin decir una palabra. Los demás se colocaron detrás de la cama y observaron, pero tampoco dijeron nada.

Entonces el DT comenzó una serie de preguntas dirigidas a la PA. Hice la traducción respectiva y seguí esperando que el paciente respondiera, pero como era de esperarse, nada de nada, era como hacer preguntas al aire al azar.

La escena me estaba resultando realmente embarazosa y grotesca, ya que nunca me había visto en una situación comparable. Pensé en transmitir mi disgusto a los presentes, pero al final decidí seguir adelante, esperando que las cosas fueran por buen camino.

La DT preguntó hasta cinco puntos continuos y, después de cada uno, siguió mirando a la megafonía, esperando a ver si iba a responder. La anciana no dijo ni una palabra, tenía los ojos abiertos, pero no había movimiento en su voz ni en sus palabras.

Por mi parte, la posición era muy difícil de mantener, era muy evidente que la anciana no estaba en condiciones de cooperar a causa de la medicación, no podía comunicarse (no sé si habría podido hacerlo sin haber recibido los calmantes).

Para mi mayor sorpresa, la DT me preguntó de forma bastante desagradable si mi traducción era buena, si realmente sabía hablar el idioma de la anciana. Nadie dijo nada, la pregunta me pareció fuera de lugar y lejos de lo que debe hacer un profesional médico.

En primer lugar porque valoraba mis habilidades de una manera totalmente inapropiada, suponiendo que mi nivel de lenguaje era la causa de que la anciana no pudiera responder. La cuestión era que la pobre mujer no conseguía hablar. Incluso llegué a dudar de que realmente pudiera oír lo que allí se decía.

Me pregunté si realmente sabía de lo que estaba hablando y cuál podía ser su motivación para una actitud tan sumamente agresiva hacia mi persona desde el principio y, viendo claramente que la paciente estaba totalmente inerte, su cuerpo no respondía, era una anciana completamente bajo los efectos de la medicación. Para mi absoluto horror, el resto de los asistentes no dijeron ni una palabra, nadie dijo nada.

Se hicieron dos preguntas más, todas por la DT. La anciana seguía siendo la misma, nada había cambiado. Curiosamente, las preguntas iban dirigidas a averiguar si la anciana tenía capacidad de decisión sobre aspectos médicos vitales y sobre las decisiones que debía tomar en los próximos días en relación con el futuro de su enfermedad.

Concretamente, había algunos puntos que hacían hincapié en la idea de si quería operarse o no. Es de suponer que se trata de comprobar si la PA podía decidir por sí misma si quería operarse o no.

El caso es que mi caso estaba al límite, no se me informó en absoluto de la enfermedad de la anciana, no se me facilitó ninguna información sobre de qué iba la reunión ni cuáles eran los objetivos, no se me dio ningún detalle sobre su historial médico, y se juzgó que mi tarea no estaba bien hecha porque la anciana no respondía.

La doctora volvió a la batalla, dijo que mi traducción no era exacta. Me quedé absolutamente perplejo, no dije nada y miré a los demás, buscando su opinión, pero nadie dijo nada. Intenté no dirigirme directamente a la DT para evitar el conflicto, era difícil entender su valoración de la situación centrándose en mí como un fracaso.

Era todo muy raro, intentar comunicarse con una anciana en ese estado estaba fuera de lugar, a no ser que fuera muda (nadie me había dicho que lo fuera). La doctora se aceleraba y trataba de continuar con una reunión que era esencialmente un monólogo, su monólogo particular.

Siguió diciendo cosas a los demás, que para ella era la última reunión y que haría el oportuno informe y comentarios para indicar puntualmente la marcha de la PA-65, pero que estaba muy segura de los pasos a seguir (sin mencionarlos).

Salí de la sala tan rápido como pude. Presenté a la agencia mi valoración personal de lo ocurrido. Espero que la anciana se recupere y que pueda expresar sus pensamientos a los médicos, porque de lo contrario esta reunión habría sido absolutamente inútil.

Era muy indudable que sabiendo, como había indicado el paramédico, que la PA había recibido fuertes analgésicos minutos antes, la cita debería haberse cancelado de inmediato y haberse propuesto una nueva fecha una vez que la PA-65 se encontrara en un estado estable, no bajo el efecto de tan fuertes fármacos, entonces sería posible verificar con neutralidad si tenía o no capacidad para tomar la decisión sobre su intervención quirúrgica.

Habría valido la pena conocer el currículum de la doctora, tanto si llevaba meses ejerciendo como si llevaba días. Su conocimiento de los aspectos organizativos y de gestión de este tipo de citas era nulo.

Su nerviosismo apareció desde el principio, perjudicando todo el escenario, su actitud hacia mí fue ilógica e inexplicable (si pensaba que no era válido debería haberlo dicho desde el principio, cancelarlo y pedir otra IT), además, cómo valoró que mi trabajo estaba mal hecho si la persona implicada, la PA, no habló. Por otro lado, ¿por qué los presentes (incluida la hija) no dijeron absolutamente nada?.

Si están leyendo estas líneas, pregúntense por un segundo, si estuvieran en la piel del traductor, ¿qué harían?. ¿Cómo reaccionarías en un caso así?.

• • • •

PA-57.

No era el Centro de Ancianos con habitaciones individuales, creo que era para ancianos pero también para discapacitados de otros grupos de edad con diferentes minusvalías físicas graves. El hecho es que PA-57 tenía su propio piso independiente, es decir, en un edificio, con asistencia especial y condiciones específicas, pero con una vivienda independiente.

Era una persona mayor, no creo que mucho más de 60 años. Tenía serios problemas de movilidad, en silla de ruedas, pero con opciones de caminar por sí mismo lentamente con sus muletas, aunque no podía mantenerse de pie durante mucho tiempo, la propensión a caerse era evidente.

Tampoco me hicieron un análisis médico ni me dieron información, por lo que no sé con exactitud cuáles eran sus secuelas físicas, el grado de deterioro y cómo se habían producido, si simplemente por la edad o por el desgaste. De alguna manera, en mi opinión, parecía haber sufrido un accidente.

Vivía en su piso, que nos enseñó en pasajes, pero tenía muchos obstáculos para acceder al cuarto de baño con garantía de total autonomía, tanto para lo básico que no hace falta mencionar, como para los hábitos de higiene y ducha. A menudo necesitaba el apoyo de un cuidador, ya que podía caerse con facilidad.

El objetivo del fisioterapeuta era inculcarle técnicas de movilidad que le ayudaran a recuperar la capacidad de acceder a sus funciones físicas básicas con total flexibilidad y autonomía.

Accedimos al aseo, le dieron consejos sobre cómo entrar, cómo fijar el cuerpo, qué posturas podía adoptar para facilitar la movilidad, cómo utilizar dos barras metálicas empotradas en la pared como apoyo. Todo ello con la asistencia del fisioterapeuta. En algunos momentos el PA-57 mostró enfado por no poder hacer casi exactamente lo que se le decía, pero su reacción posterior fue muy positiva.

Es asombroso ver lo que se puede conseguir y progresar en este sentido, simplemente cambiando el hábito de mover el cuerpo o gestionando la velocidad de un movimiento concreto.

Con práctica, confianza y, con el debido seguimiento estricto de los consejos de un buen fisioterapeuta, se puede alcanzar este nivel de mejora, que no sólo proporciona a un PA-57 confianza en su físico, sino también en el ámbito psicológico.

Digo todo esto, ya que pude comprobar después de tres visitas repetidas, en periodos cortos de tiempo, más o menos una vez al mes, cómo la PA-57 mejoraba sustancialmente la movilidad.

· · · ·

• • • •

Hay que reconocer que era un hombre muy optimista y que hacía mucho hincapié en seguir todos los consejos que le daban. Me sorprendió que siendo tan activo tuviera tantas barreras lingüísticas y necesitara traductor.

Por lo general, una persona con este nivel de energía, que había llegado al país hacía años, se preocuparía por tener un nivel medio de conocimientos lingüísticos. Él, en cambio, necesitaba IT para las instrucciones más cruciales.

Tenía una enorme pantalla de televisión, delante de la cual decía pasar la mayor parte del día viendo sus series favoritas. Las paredes estaban pintadas de azul cielo. Había mucha luz en el exterior, una gran ventana en la parte superior marcaba la temperatura, que era agradable en contraste con el frío del exterior. El ambiente era acogedor y cálido.

Las dimensiones del piso no eran muy amplias, pero incluía todo lo básico, cocina, baño, dormitorio y el salón donde veía la tele, y un pequeño trastero. Un piso pequeño, pero completo, sobre todo para un solo inquilino (nadie dijo si había otros inquilinos).

Era evidente que al PA-57 le gustaba charlar, la charla fluía rápidamente y yo tenía que traducir constantemente. Todo se fue relajando y pasamos a las instrucciones del fisioterapeuta.

Pasamos a centrarnos en el verdadero objetivo de la visita. Repasamos todo el proceso de los movimientos rutinarios de la vivienda, que, aunque complicados, teniendo en cuenta su estado físico, parecía haber aprendido bien y no presentaba complicaciones de adaptabilidad.

El fisioterapeuta se centró más en hacer que sus movimientos en el baño fueran más eficaces. En el suelo, le explicaron cómo manejar la ducha. Se suponía que lo había conseguido, es decir, que podía hacerlo por sí mismo utilizando la zona en cuestión como cualquier otra persona (su cuarto de baño tenía condiciones adaptadas).

Se le instruía sobre movimientos estrictos, cómo ser precavido y otras cuestiones específicas en las que el fisio insistía con absoluta precisión y, en las que el PA me escuchaba al traducir con suma curiosidad. He presenciado casos comparables en los que el PA no responde de buen grado a las directrices y sugerencias, en este caso era todo lo contrario, esta PA colaboraba al 100%.

La sesión tuvo su dinamismo, y antes de darme cuenta habían pasado casi dos horas. Otras veces resulta un poco pesado hacer el seguimiento de estas visitas desde mi posición, pero en este caso el tiempo se había deslizado rápidamente. Queda por confirmar la fecha de la próxima visita.

El fisio tenía aspecto de estar realmente satisfecho, era evidente que la PA estaba mejorando su movilidad.

Era Navidad. Al salir pude ver las luces de Navidad que habían puesto en unos grandes almacenes al otro lado de la calle, con un Papá Noel muy gracioso en la entrada principal. Sentí la necesidad de ponerme los guantes en las manos por el frío que hacía, y seguí mis pasos por la acera en busca de mi próxima reserva.

• • • •

PA-66.

Me costó un poco encontrar la planta en la que iba a tener lugar la cita. El hospital era muy grande y yo nunca había estado en esa zona. Con la ayuda de una enfermera pude colarme en una de las salas de espera, llena de pacientes, y en poco tiempo pude encontrar a mi PA-66. Una chica joven, supongo que de unos 30 años. Una chica joven, calculo que de unos 30 años.

Mantuve la calma, con la esperanza de que me dijera algo sobre el tema en cuestión, o simplemente que estábamos esperando la llamada del DT. Parecía un poco nerviosa.

Entonces tendríamos que ir a otro piso, porque era un caso en el que había que pagar. El proceso tendría que pagarlo la PA-66, no era gratuito.

Había solicitado esta consulta poco después de su llegada a Middle, porque temía tener cáncer de mama. No explicó muy explícitamente si se había hecho las pruebas en su país de origen ni cómo había tomado la determinación, pero la cita iría en ese sentido, quería saber si tenía o no cáncer de mama.

Primero tuvimos una sesión teórica, esto es para ayudar a detectar el origen del problema, lo que se llama diagnóstico.

DT: Los síntomas del cáncer de mama que desarrolló PA-66 eran básicamente:

- Enrojecimiento o descamación del pezón o de la zona mamaria.

- Hundimiento del pezón o dolor en esa zona.

- Dolor en el pecho.

Había oído muchas cosas sobre el cáncer de mama que afectaba a mujeres mayores, menopáusicas, posmenopáusicas, obesas, mujeres que nunca habían estado embarazadas. En este caso me sorprendió especialmente que la chica fuera bastante joven.

La DT habló de varios aspectos, algunos de ellos personales, también mencionó la necesidad de familiarizarse con los senos durante un autoexamen para tomar conciencia de los mismos. También habló sobre la medicación preventiva y la cirugía.

Por último, se le indicó que tendría que pagar por este trámite, la cantidad a abonar, y se nos dijo en qué planta se encontraba la oficina y a quién tenía que dirigirse para realizar este trámite.

Solicitó el pago a su jefe, habían hablado de que él le pagaría, pero ella no sabía el precio real hasta que llegó al hospital, así que le mandó un mensaje al jefe, él haría una transferencia en el momento, comprobaría la aplicación del banco y ella podría ir a pagar.

La joven convenció al DT de esta cuestión, por lo que harían la prueba del "tejido" y ella accedería a pagar los gastos de tramitación unos minutos después. Me parecieron muy amables al permitir estas opciones de pago, en otros casos exigen el pago por adelantado, de lo contrario no se avanza.

Estuvimos un buen rato en unos bancos del pasillo. Estaba muy cerca y ella bastante nerviosa. Se puso en contacto con su jefe, pero tuvo que ser por mensaje porque él le había dicho que estaría trabajando y prefería que no le llamara. Así lo hizo y él le contestó que necesitaba una hora más tarde le transferiría la cantidad solicitada.

El hospital estaba en plena actividad, los pasillos estaban abarrotados de personal y pacientes que iban y venían, y había muchas camillas por todas partes. En este hospital siempre había mucha gente, no importaba a qué planta tuviera que ir, estaba muy concurrido en todas las secciones.

Mientras tanto, subimos al piso donde estaba la oficina para hacer el pago. Ella le explicó la situación, yo hice mi traducción y se generó una factura inmediata para ella, que pagaría en efectivo. Me explicó cómo iba a hacerlo. Esperaría la transferencia, sacaría dinero en el cajero automático del hospital y pagaría el 100% del coste.

Luego pasamos a una sala, en la misma planta pero a través de varios pasillos. La persona encargada de la prueba nos estaba esperando. Tenía todos los datos del PA-33 y sabía lo que tenía que hacer. Se dieron unas indicaciones rápidas y se dirigieron a la camilla.

Yo estaba muy lejos, en la puerta de entrada. En este caso, la DT sugirió mi posición, que, aunque un poco lejos, me pareció correcta. La voz del PA-66 sonaba bien y, aunque tuve que levantar un poco la voz, pude traducir con fluidez.

En realidad no había mucho que decir, sobre todo comentarios, en los que la DT informaba claramente a PA-66 de lo que le iba a hacer. Iba a extraer un trozo de tejido de uno de sus pechos, como ya he dicho antes.

Supongo que para evitar que PA-66 se moviera, se subió encima de su barriga, no estoy seguro pero pude ver un movimiento extraño hacia la parte superior de la camilla, supongo que era para evitar cualquier movimiento brusco de PA-66.

Fue todo muy rápido, se oyó un suave gemido, pero no fue más allá. No puedo asegurar si también hubo inyección. Como comprenderás en estos casos intento mantenerme lo más alejado posible, mi único interés es ayudar con palabras, nada más.

El método consistía en extraer tejido de la mama con una pequeña incisión (corte) en la piel para eliminar parte o la totalidad del tejido sospechoso. El DT había informado de que en este caso habría incisión.

A menudo se deja un pequeño marcador metálico en el lugar dentro de la mama para que la zona sospechosa pueda identificarse fácilmente en futuras pruebas de imagen.

DT: La muestra de la biopsia se envía para su análisis a un laboratorio, donde los expertos determinan si las células son cancerosas. La muestra de la biopsia también se analiza para determinar el tipo de células implicadas en el cáncer de mama, la agresividad (grado) del cáncer y si las células cancerosas tienen receptores hormonales u otros receptores que puedan influir en las opciones de tratamiento (siempre que se certifique que hay cáncer). La mayoría de las personas que necesitan una biopsia de mama no tienen cáncer.

Al final, PA-66 me dijo que le había dolido un poco más de lo esperado. Pero que estaba bien. Estaba segura de que había ido bien. Su rostro estaba ahora un poco más serio que cuando nos conocimos, pero parecía muy serena. No tenía lágrimas en la cara.

Al salir, consultó su aplicación bancaria y me indicó el ingreso que había recibido. Antes, tenía unos escasos 30$ en su cuenta (ella se había empeñado en enseñarme la página de la app, era un banco on-line utilizado por los extranjeros que vivían en Middle en aquella época, yo había visto a muchos de ellos pagar con sus tarjetas de colores brillantes en varias tiendas, cafés y demás: Monzo). Efectivamente, ya tenía el depósito. Ahora podía pagar su sesión.

Estaba contenta, decía que su jefe era una persona muy de fiar y que esto era como un adelanto de su sueldo y que se alegraba de que confiara en ella porque le daba ánimos y confianza para el futuro para trabajar con ellos durante mucho tiempo.

Por otro lado, le supuso un alivio desde el punto de vista de su salud, aunque tendría que esperar a los resultados, pero sin la ayuda de sus jefes no habría podido hacer frente a estos gastos.

Me dijo que llevaba mucho tiempo ayudándola, que ahora podía irme, que sólo tenía que retirar el dinero y que conocía la oficina de pagos de nuestra visita anterior. De hecho, habían pasado más de dos horas. Me agradeció mi ayuda. Nos despedimos. Aunque no se lo dije, deseé que su prueba fuera negativa. Era muy simpática y amable, se merecía una buena noticia.

· · · ·

PA-13.

A la hora de abordar una sesión con un paciente de cáncer, las aptitudes psicológicas del informático (intérprete) son esenciales, no expresar ansiedad o angustia es la clave para una asistencia duradera, no todo el mundo se siente seguro al hablar de un estado de salud tan grave a los ojos de una persona extraña (aunque sea un apoyo lingüístico).

Con los pacientes de cáncer, nuestra hoja de trabajo no contenía ningún dato, ni nombres completos, ni edad, ni detalles personales. Lamentablemente, una vez más, no hubo sesión informativa. Nada de nada.

PA-13 había recibido el diagnóstico, se había detectado cáncer de mama. Tratamiento tras curso de extirpación total de la mama. Era una mujer adulta, morena, de ojos claros, de 1,70 m de estatura y unos 70 kg de peso, con una sonrisa amable y la mente despejada. Llevaba zapatos negros y vaqueros.

DT: Aunque las técnicas de autoayuda pueden ser una buena forma de hacer frente a las emociones negativas, no está de más saber cuándo se puede necesitar más ayuda. Todos tenemos días malos y días de mierda, pero se convierte en una preocupación mayor cuando empieza a perturbar tu vida, tu vida laboral, tus relaciones o tu lugar de trabajo.

PA-13 se ha sometido a terapia cognitivo-conductual (TCC). La TCC se centra en cambiar la forma en que pensamos y nos comportamos, y enseña habilidades de afrontamiento.

PA-13: He utilizado varios programas de asesoramiento. TCC y programas de apoyo a la salud mental basados en la atención plena para ayudarme a mantener el rumbo.

PA-13: Todavía me pregunto qué pudo causar la enfermedad.

DT: El cáncer de mama es una enfermedad compleja y es imposible identificar una única causa. No entendemos del todo por qué algunas personas padecen cáncer de mama y otras no.

La conversación se fue animando. Aunque se mantenía seria y tranquila, la PA parecía ahora más segura a la hora de expresar sus sentimientos.

PA-13: El cáncer me motivó a cambiar de vida. No quería volver a mi profesión tan estresante. Los grandes cambios en el trabajo me empujaron a retirarme. He ido madurando un estilo de vida que me conviene. De las circunstancias difíciles pueden salir cosas positivas, y la vida es para vivirla.

Por lo que pude entender, fue como un repaso a su vida en los últimos meses, porque hacía bastante tiempo que no acudía a esta consulta en concreto.

DT: Es importante recordar que has sufrido un trauma grave y que es difícil volver a la vida anterior. Esta vida, tu nueva vida, es lo principal, la nueva sensación de "normalidad".

La conversación se fue cerrando, surgieron nombres de tratamientos, como letrozol, clodronato sódico, etc., y se habló de buscar información adicional. Parecía que PA-13 buscaba activamente drogas además de las proporcionadas por el DT y preguntaba por ahí, lo que no disgustaba al DT, pero era influyente para ella.

. . . .

PA-27.

A PA-27 le habían diagnosticado un cáncer (de intestino) unas semanas antes y el objetivo de esta cita era resolver si aceptaba o no someterse a una intervención quirúrgica, ya que en una consulta anterior se había mostrado muy indeciso al respecto y había pedido al médico un breve plazo de tiempo para tomar una decisión definitiva.

Relató a PA-27 cómo había realizado una breve visita a su país de origen, había visitado a varios familiares y cómo había regresado con la firme idea de pasar por el quirófano. Así es, accedió a la intervención quirúrgica que le habían recomendado.

El DT asintió y repitió a PA-27 que era un éxito total porque la enfermedad se había detectado a tiempo y eso significaba que las posibilidades de conseguir buenos resultados eran una realidad, siempre dentro de la gravedad que el contexto del asunto implicaba.

PA-27 tenía un rostro sereno y tranquilo, había acudido a la consulta acompañado de su esposa, que permanecía sentada en una silla a su lado.

Tanto ellos como el DT hablaban con frases cortas y bien estructuradas, con pausas para permitir una buena comunicación bidireccional. Parecían estar a gusto con mi visita.

El cáncer de intestino es un cáncer que se encuentra en cualquier parte del intestino grueso, que incluye el colon y el recto. Es uno de los tipos de cáncer más frecuentes en Middle. A continuación, se realizaría una intervención quirúrgica para extirpar el cáncer del intestino, y parte o la totalidad del intestino alrededor del cáncer.

DT: Para facilitar su recuperación postoperatoria, es posible que necesite una colostomía o ileostomía, que puede ser temporal o permanente. Contará con el apoyo de nuestro equipo de especialistas durante toda la intervención y la recuperación.

• • • •

PA-29.

Eran las 14.30, la cita era para las 15.00, ese día estaba cansado, había llegado puntual y me senté a esperar al paciente. Era una clínica fuera de la zona habitual de trabajo.

En la hoja de trabajo no se especificaba ningún dato, sólo que se trataba de una "sesión de prácticas", ni nombres, ni enfermedades, ni edad, ni nada por el estilo. Tuve la sensación de que se trataba de un caso confidencial, de gravedad o lo que fuera, ya que se omitían absolutamente todos los detalles, sólo el lugar y la hora.

La persona que me atendió en administración, no muy lejos de su ventanilla, me hizo un gesto hacia las 14.45 h, indicándome una persona que estaba sentada cerca de mí. Se trataba del paciente PA-29.

Era un hombre de unos 65-70 años o más, robusto, bien vestido, como exige la zona central, y muy hablador. En cuanto me presenté como su informático, acogió mi presencia con amabilidad y comprensión.

Cuando se dan estos casos, me presento y espero a la sesión con él, aunque intento evitar la cháchara familiar, sólo para saber de qué se trata y adaptarme mejor a la sesión. En este caso, fue difícil mantener las distancias, porque era muy hablador.

Sin apenas inmutarse, me explicó que ya había acudido antes, una vez al mes recibía una inyección de tratamiento y que ese era el motivo de esta nueva visita, y que él mismo nunca había tenido un IT, pensó que seguramente el médico se había dado cuenta de sus barreras idiomáticas, por eso había requerido los servicios de un IT, para agilizar la sesión.

Le habían detectado cáncer de próstata, estas inyecciones periódicas eran el tratamiento que recibía ya que, según él, se había detectado "precozmente".

Eran las 15.05 y nos llamó el DT. PA-29 no paraba de hablar, al principio pensé que estaba enfadado o molesto o algo así, pero luego me di cuenta de que en realidad era su carácter. Con la DT se quejaba, decía que no le gustaban los efectos secundarios del tratamiento (se refería a comentarios que le habían hecho en sesiones anteriores) y que la inyección era un poco dolorosa.

La DT argumentó que no debía quejarse, que el tratamiento era gratuito, que en pocos países encontraría semejantes facilidades, que si había un poco de dolor tenía que aguantarse, y que era muy afortunado porque se lo habían detectado a tiempo para seguir el tratamiento y que eso le daba más posibilidades de sobrellevar la enfermedad.

La DT no era inglesa. Tenía un aspecto muy profesional, todo lo que decía era absolutamente adecuado a la situación a la que se refería, se movía con soltura por la sala, alrededor de su mesa dando sus particulares explicaciones, y entonces llegó la pregunta de si él estaba listo y preparado para la inyección. Ella sacó sus utensilios y se puso a preparar la inyección.

El PA-29 no dio ninguna respuesta de aprobación, sólo siguió hablando de cosas personales, de cómo le estaba afectando la medicación y de que en realidad estaba un poco molesto. La DT, sin embargo, siguió con la preparación y no prestó mucha atención, aunque siempre se mantuvo a la espera de mi traducción.

No me pareció que PA-29 estuviera molesto o irritado, más bien, creo que la conversación y el no parar de hablar dieron cobijo a un suave cosquilleo que le recorría el cuerpo, me refiero a ese nerviosismo que a veces nos invade cuando sabemos que algo nos puede doler.

El PA-29 intentaba interrumpirla cada vez que cambiaba varias frases seguidas, no esperaba a que yo tradujera. Pero era muy simpático, lo hacía con un aire muy educado, ocurrente, no sé, me pareció que intentaba acercarse a la enfermera, creo que le gustaba, y no ocultaba sus sentimientos.

Los médicos no pueden predecir durante cuánto tiempo la terapia hormonal inhibirá la multiplicación de las células cancerosas de próstata en un individuo. Por lo tanto, los hombres que reciben terapia hormonal durante más de unos meses se someten periódicamente a análisis para controlar el nivel de PSA en sangre.

DT: El aumento de los niveles de PSA indica que el cáncer ha empezado a crecer de nuevo. Si el nivel de PSA sigue aumentando a pesar de que la terapia hormonal mantiene los niveles de andrógenos muy bajos, significa que el cáncer de próstata se ha vuelto resistente a la terapia hormonal.

Cuando inyectó, corrió la cortina, como es lógico, y no dijo nada mientras lo hacía. Lo hizo relativamente rápido, la verdad es que la jeringuilla, de buen tamaño, contenía una gran dosis de líquido a inyectar. La DT retiró la cortina, dando por finalizada la inyección, y esbozó una suave sonrisa de complicidad (como si estuviera satisfecho con el resultado).

El PA-29 acababa de vestirse y se dirigió a mí diciéndome que esto no tenía que haber pasado y que las cosas deberían ser de otra manera (traduje aunque no tengo ni idea de lo que quiso decir con estas palabras), creo que buscaba un punto de complicidad por mi parte, no sé, algo en ese sentido.

He asistido a otras sesiones similares, me refiero con pinchazos y normalmente son rápidas, en este caso, tratándose de la dolencia en cuestión, y del carácter de la PA-29 estaba durando un poco más de la cuenta, en comparación con las otras, pero quedé satisfecho, quiero decir que la traducción y el contacto con el cliente parecía haber gustado a las dos partes presentes (o al menos nadie dijo lo contrario en mi presencia).

Le ofrecí la hoja a la DT para que la rellenara y me fui. PA-29 salió conmigo, siguió hablando de cómo iba a llegar a casa y demás. En la sala de espera había una hoja informativa con detalles sobre el cáncer de próstata. PA-29 me preguntó si podía traducirle algunas de las páginas. Así lo hice. Estos son algunos de los párrafos:

Tus pensamientos y sentimientos. Los cambios en tu cuerpo y en tu vida sexual pueden tener un gran impacto. Puedes sentirte preocupada, insatisfecha o enfadada. No hay una forma correcta o incorrecta de afrontar estos cambios.

Algunos hombres pueden querer probar distintos tratamientos para los problemas de erección, y otros pueden preferir encontrar otras formas de estar cerca de su pareja. Lo importante es que encuentres una solución adecuada para ti, y que pidas apoyo si lo deseas.

• • • •

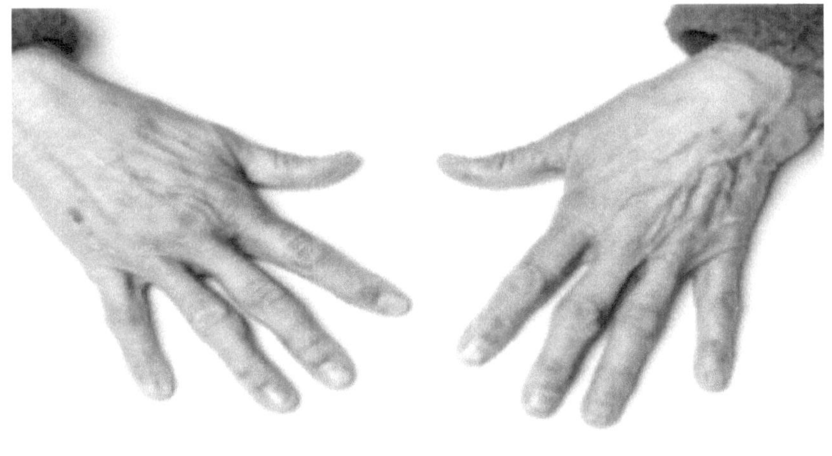

• • • •

¿Cuándo debo iniciar el tratamiento?. Puede iniciar el tratamiento para los problemas de erección cuando se sienta preparado. Empezar el tratamiento poco después del tratamiento del cáncer de próstata, por ejemplo con un comprimido de dosis baja una vez al día o una bomba de vacío, puede mejorar sus posibilidades de conseguir y mantener una erección más adelante. Si ya tiene problemas de erección, puede iniciar el tratamiento antes del tratamiento del cáncer de próstata.

Si está recibiendo terapia hormonal a largo plazo, puede preguntar a su médico o enfermera sobre la terapia hormonal intermitente. En este caso, la terapia hormonal se interrumpe cuando su nivel de PSA es constantemente bajo, y se reinicia si empieza a subir. Su deseo sexual puede mejorar mientras no esté en terapia hormonal, pero esto puede llevar varios meses.

El folleto era bastante completo e incluía fotos explicativas de las inyecciones, opciones de implantes, diferentes perspectivas de la enfermedad y mucho más. También sugería preguntas básicas y pertinentes para plantear al médico o la enfermera, como:

- ¿Cómo puede afectar el tratamiento del cáncer de próstata a mi vida sexual?. ¿Cuánto tiempo después del tratamiento puedo masturbarme o mantener relaciones sexuales?. ¿Qué tratamientos para los problemas de erección son los mejores para mí?. ¿Puedo obtenerlos del SNS?. ¿Hay algo que pueda hacer para prepararme antes de empezar el tratamiento del cáncer de próstata?.

- ¿Y si el tratamiento no funciona?. ¿Hay otros tratamientos que pueda probar?. ¿De qué otro tipo de apoyo dispongo?. ¿Mi pareja también puede recibir ayuda?. ¿Puedo obtener ayuda?.

Después de la consulta, normalmente evito el contacto con el asistente médico, pero este en concreto fue muy amable y se ofreció a llevarme a tomar un café a una cafetería cercana. Se lo agradecí, pero le dije que tenía que irme inmediatamente porque tenía otra cita en un hospital lejano. Asintió con la cabeza, me estrechó la mano y se despidió dándome las gracias por mi ayuda.

Creo que hablaba mucho por nerviosismo, porque era una persona muy agradable, que obviamente estaba preocupada por su complicada enfermedad y su tratamiento. A todo el mundo se le pasan los nervios de esa manera.

Es uno de esos casos, en los que sientes complicidad con el PA-29, me gustaría poder decirle que no se preocupe, que en unos días estará bien, que no es nada, pero no es verdad, porque el cáncer de próstata es una enfermedad muy grave que puede cambiar la vida de una persona. Así que le tendí la mano y me despedí.

Un procedimiento especificado en el BPS, que servirá de apertura para otro nuevo caso:

Antes de empezar a trabajar con un intérprete, conviene tener en cuenta la responsabilidad legal que puedan tener hacia el intérprete en relación con su bienestar psicológico y los criterios para un debriefing formal (después de la consulta-debriefing).

Esta responsabilidad debería recaer en la agencia que proporciona el intérprete. No obstante, es una buena práctica que el psicólogo vele por el bienestar psicológico del intérprete y le ofrezca una breve charla informal tras la consulta con el cliente.

• • • •

PA-91.

Atendí varios casos de esta naturaleza. Alrededor del 75% de los pacientes eran ciudadanos brasileños, ahora residentes en Middle, que sufrían este problema durante el periodo invernal.

Preguntas del médico:

DT: ¿Cómo te sientes?.

PA-91: Muy mal. No salgo de casa.

DT: ¿Sigue una dieta regular?

PA-91: Como chocolates, donuts y pastillas.

DT: ¿Todavía vives solo?. PA-91: Vivo con mi madre.

DT: ¿Ha estado tomando medicación?. PA-91: Sí.

DT: ¿Alguna vez has sentido ganas de hacerte daño?.

PA-91: Sí, he pensado en tirarme desde el cuarto piso. No sé, no me siento cómodo hablando de ello.

Este caso de PA-91 era especialmente delicado. Había intentado suicidarse cortándose las venas de la mano derecha (muñeca). Las heridas no eran muy profundas, simplemente se había mareado y luego se había despertado para ir a buscar atención médica (esto había ocurrido hacía meses). Ahora estaba bajo tratamiento y supervisión regular. Su estado de ánimo era depresivo.

De hecho, le habían diagnosticado Trastorno Afectivo Estacional (TAE). En este caso, la tarea de traducción fue sencilla, quiero decir que la facilidad de su estado de ánimo favoreció la lentitud de sus palabras y eso no creó ninguna complicación. Era una persona muy sensible, sin duda, y, deseoso de ser ayudado, estaba dispuesto a abrir su mente y su corazón para recibir ayuda.

El médico siguió con más preguntas en profundidad y dejó claro que el tratamiento (medicación) era la clave para mejorar su estado de ánimo y su temperamento. Intenté traducir lo mejor que pude e incluso repetí las frases para que no hubiera lugar a dudas.

La mirada de PA-91 era de asentimiento, y el DT observó su expresión con leve preocupación pero con confianza en que su trabajo tendría éxito.

Los síntomas comunes de este episodio depresivo mayor incluían:

- sentirse desesperanzado o inútil.

- perder el interés por las actividades que solían disfrutar.

- problemas para dormir.

- experimentar cambios en el apetito o el peso.

- Sensación de lentitud o agitación.

Hubo más sugerencias, sobre todo en cuanto a la medicación. Los fármacos más utilizados para tratar el TAE son los antidepresivos. El bupropión (Wellbutrin) aumenta principalmente los niveles de dopamina, mientras que los inhibidores selectivos de la recaptación de serotonina (ISRS) y los inhibidores de la recaptación de serotonina-norepinefrina (IRSN) aumentan principalmente los niveles de serotonina.

A la PA-91 le preocupaba un punto por encima de todos los demás problemas derivados de ella, el de la falta de sueño.

DT: La falta de luz puede alterar el ritmo circadiano. Esto puede provocar que el cerebro produzca demasiada melatonina, la hormona del sueño, y libere menos serotonina, la sustancia química cerebral que afecta al estado de ánimo. ¿Cuál es el resultado de este desequilibrio químico?

Te sientes perezoso y letárgico. Otros síntomas comunes del TAE son la falta de energía sexual, comer en exceso (sobre todo por antojos de alimentos reconfortantes ricos en carbohidratos y calorías) y el retraimiento social (tú mismo has dicho que ni siquiera sales de casa).

Ambos coincidieron en que el TAE no sólo afecta al estado de ánimo. También está relacionado con el deterioro de la función cognitiva, como problemas de concentración y de memoria de trabajo (por ejemplo, dificultad para recordar información recién aprendida o para encontrar las palabras adecuadas al hablar).

PA-91: ¿Debería tomar una siesta por la tarde?.

DT: Si te apetece, por qué no, así contrarrestamos la falta de sueño y descanso nocturno.

PA-91 me habló, una vez terminada la sesión, de sus orígenes, de la zona en la que había crecido y de cómo su viaje y estancia en Middle no estaban resultando tan halagüeños como había planeado a causa del TAS. No volví a verle, no tuve ocasión de asistir a otra sesión. Estoy seguro de que habrá mejorado.

• • • •

PA-10.

PA-10 acudía por primera vez a una consulta psicológica. Su rostro estaba enrojecido y sombrío. El terapeuta se presentó y dejó claro que, al tratarse de la primera visita de PA-10, había que concretar algunos puntos de antemano. De ahí la necesidad de una traducción sólida.

PA-10 había solicitado este servicio a través de su médico de cabecera (NHS), que vio que su ayuda médica no era suficiente. El shock fue inmenso, cuando a los pocos minutos de la sesión, PA-10 empezó a llorar como un niño pequeño, apenas capaz de pronunciar una palabra.

Hicimos una pausa. En cuanto pareció más relajado, la psicóloga decidió reanudar sus preguntas.

La principal diferencia era que la psicóloga pedía a PA-10 que especificara qué esperaba de esta sesión y de un tratamiento con ella en el futuro. O dicho de otro modo, lo que ella le pedía, lo que él esperaría de ella. Era evidente que PA-10 estaba confuso, no sabía qué decir y daba la ilusión de que había asistido a la sesión con la mente en otra parte.

Poco a poco se fue centrando más y se explayó sobre lo que percibía como una clara discriminación contra él en el trabajo y sobre cómo varios de sus compañeros le estaban haciendo la vida profesional imposible y le presionaban para que dejara su empleo.

La psicóloga volvió a insistir en que comprendía el contexto laboral, pero que si no podía exigirle un resultado concreto, difícilmente le aceptaría como paciente habitual.

La cuestión es que, en estos casos, el IT siente el impulso de no quedarse a la sola sombra de la traducción y expresar su opinión. Para ser justos, PA-10 necesitaba ayuda. Pero mi trabajo es otro y tengo que ser lo más profesional posible.

La DT, hizo una parada. Dejó unos formularios sobre la mesa y pidió a PA-10 que se tomara 10 minutos y, con mi ayuda, respondiera a estas casillas. La idea era discernir a grandes rasgos si la discriminación en el lugar de trabajo estaba profundizando la depresión.

DT: Cuando los empleados se enfrentan a la discriminación en el trabajo, no sólo existe el coste emocional puntual de un incidente concreto o de un conjunto de dinámicas. También puede dar lugar a:

Depresión clínica. Falta de compromiso. Menor productividad. Sensación de aislamiento. Deshumanización. Abandono. Otras consecuencias negativas para la salud física y mental.

DT: La discriminación en el lugar de trabajo está muy extendida, y existe una clara relación entre discriminación y depresión.

En el formulario había varias preguntas de encuesta explícitas relacionadas con estos comentarios, con puntuaciones del 1 al 10, y los AP-10 tenían que elegir la que consideraban que más se acercaba a su estado de ánimo, dándole un valor en esa escala.

La DT decidió que iba a cambiar de estrategia (en mi opinión). Pidió a PA-10 que reflexionara sobre los temas tratados y que programaría otra sesión para dentro de una semana, en la que esperaba resolver los puntos requeridos y establecer así una terapia regular, que se estimaba duraría un período inicial de tres meses (sin decir cuántas sesiones).

En mi percepción, la DT quería declarar si PA-10 realmente quería conservar el trabajo o si, debido a sus dudas, había decidido dejarlo. Por otro lado, si había depresión, estaba claro que la necesidad de medicación estaba necesariamente presente (PA-10 había dicho que nunca tomaba medicación para la depresión).

También estaba el hecho de que el psicólogo tenía dudas sobre si se trataba de una depresión o si PA-10 estaba realmente intentando aprovechar la terapia para un fin relacionado con el trabajo. Eran dudas razonables para una primera sesión, aunque la realidad era que el hombre parecía deprimido, decaído y desmotivado (según sus propias palabras).

Por el momento todo estaba en el aire. La sesión estaba programada para una hora y ya habíamos pasado casi dos. A la salida, PA-10 intentó charlar conmigo fuera de la consulta.

· · · ·

PA-10 (Segunda sesión). Una semana más tarde, mientras revisaba una petición de IT, miro los datos del expediente y veo que se trata de la misma persona que la semana pasada. Asistí a esta nueva sesión de la PA-10.

PA-10 llegó con nuevos pensamientos. Había transformado su adversidad. ¿Por qué digo esto? Porque ahora sabía cómo abordar al DT sobre su objetivo básico para asistir a terapia. Dijo que tenía miedo de que su personalidad cambiara, que no fuera el mismo de antes, una vez que se encontrara en este contexto discriminatorio en el lugar de trabajo, le pidió al DT que lo asistiera a terapia en este sentido. El DT escuchó el argumento de PA-10.

DT: Aspectos de nuestra personalidad pueden cambiar para bien o para mal con el tiempo, dependiendo de muchos factores, la gente que nos rodea, la gente que nos rodea en el trabajo puede ser uno de ellos. En cualquier caso, no veo muy clara la relación entre la discriminación en tu trabajo, de la que me hablaste la semana pasada, y el hecho de que consciente o inconscientemente tu carácter vaya a cambiar a causa de esta reacción.

PA-10: Sí, pero, todo esto me está perjudicando, antes era un hombre muy extrovertido fuera del trabajo y ahora me he vuelto mucho más cerrado, me cuesta más confiar en la gente que me rodea. Y lo peor, las últimas semanas, veo que mi mujer lo nota, antes nos llevábamos muy bien, creo que también está influyendo en mis lazos familiares. Esto no es sano para mí (PA-10 hablaba y apretaba las dos manos nerviosamente).

El DT seguía explicando que las personas no pasan de ser extrovertidas a introvertidas de un día para otro. Podía estar preocupado por sus negocios y, obviamente, eso cambiaba su estado de ánimo o su forma de enfrentarse a la vida real, pero en sí mismo, eso no significaba que aspectos de su carácter.

PA-10, dijo que entendía sus palabras, pero que hasta ahora nunca había tenido esas sensaciones, que era una persona con un estado de ánimo estable, con días buenos y malos seguro, pero que nunca había requerido ayuda, pero que ahora tenía la clara percepción de que todo se venía abajo.

Instó al DT a que le apoyara en este asunto, en el trabajo intentaría gestionar la presión para no perder su puesto, porque, según dijo, pensaba que el objetivo del acoso y la agresividad de sus compañeros era conseguir que renunciara y dimitiera. Esta era la única razón que podía encontrar.

PA: Necesito a alguien en quien pueda confiar.

Uno de los factores que más influyen en el éxito de un tratamiento de salud mental es el nivel de comodidad con el proveedor. Los empleados que sufren depresión necesitan un terapeuta que entienda de verdad sus experiencias, su formación y su cultura.

PA: Volveré a hablar con mi jefe, pero esta vez muy en serio, le diré que quiero denunciar la discriminación en el trabajo. Seré directa y clara. Aunque no me sirva de nada, tendré una base para defenderme legalmente en el futuro. Usaré whatsapp y mensajes (para poder guardarlos), así tendré pruebas de que me he puesto en contacto con él. Si sigue sin hacerme caso, contrataré a un abogado. Tengo que proteger mis derechos.

Tenemos un grupo de whatsapp y lo voy a bloquear porque mandan comentarios hostiles. Tiene que escucharme, si no al menos tendré pruebas, podré seguir una vía legal.

PA: Se supone que el director debe adoptar una postura firme tanto contra la discriminación interna como contra la discriminación más generalizada, y debe demostrar a los empleados que también se preocupa por nuestras vidas fuera del trabajo, y mejorar la seguridad psicológica en el trabajo. debe demostrar todas estas cosas.

DT: No es responsabilidad de cada empleado cambiar una cultura discriminatoria. Cuando la discriminación está arraigada en el lugar de trabajo, una sola persona no puede hacer mucho para combatirla.

DT sostenía que los cambios en la personalidad se ven forzados por el entorno social o, más exactamente, por la necesidad de ajustar el propio comportamiento (y, por tanto, la propia personalidad) a las exigencias psicológicas sociales o a las normas y estándares de la sociedad. En otras palabras, todos tenemos que adaptarnos si queremos llevarnos bien con los demás, conservar un empleo o ser padres responsables (por ejemplo).

PA: Sí, vale, lo que tú digas. Pero, si pierdo mi trabajo, por la presión de los compañeros, no por mi falta de compromiso, porque trabajo mucho y bien, digo si pierdo mi trabajo y, encima, mi personalidad cambia (en mis años) cuál va a ser mi futuro.

Sé que estar en un país extranjero tiene sus dificultades, pero después de los años que llevo aquí, no sé, me siento indefensa, siempre he confiado mucho en las leyes locales, pero ahora no sé a quién acudir.

DT- Para ser franco, los cambios de personalidad no son drásticos en la mayoría de los casos. Una persona puede volverse más o menos introvertida o concienzuda, según el caso, en función de los acontecimientos y las experiencias que le depare la vida. Sin embargo, en ocasiones excepcionales, hay quienes consiguen pasar de un lado a otro del espectro de rasgos con el paso del tiempo.

PA-10: Claro, pero no quiero ser uno de esos "casos raros". ¿Por qué tendría que cambiar mi personalidad?. Son ellos los que me están interpretando falsamente.

Llegó a pensar que se trataba de discriminación racial porque habían contratado a tres personas más hacía unos meses, y eran de la misma nacionalidad que otras cuatro que ya estaban en su grupo de trabajo, era como si le rechazaran simplemente por ser de otra nacionalidad, había intentado hablar con el encargado, pero no le escuchaba.

PA-10 permanece en la misma postura, sentado a mi derecha, moviendo a veces las manos en señal de asentimiento a sus palabras. También me mira a mí, buscando simpatía. Traduzco e intento bajar la mirada.

PA-10: Además, he consultado a un abogado, si pierdo mi trabajo ahora, correré el riesgo después de varios años de trabajo de perder algunas prestaciones de cara a mi jubilación. No sé, cualquiera diría que esto no es algo aleatorio. No sé qué pensar. Mi acercamiento a estas personas en el trabajo no ha cambiado, siempre he sido el mismo, es su comportamiento hacia mí lo que ha cambiado.

DT- Una pregunta: ¿la actitud en el trabajo puede estar motivada por un ascenso?.

PA-10: ¿Qué quieres decir?.

DT- ¿Y si tus compañeros te ven como un rival para ascender en el trabajo?.

PA-10: No, no lo creo, estamos todos en un barco un poco análogo, no somos gente estudiada, hacemos trabajos manuales, tenemos un encargado local desde hace mucho tiempo, nunca ha sido un problema, además, no tengo planes de ascenso, estoy contento con lo que tengo, lo único es que las condiciones han empeorado y no quiero perder lo que tengo.

A veces me pregunto por qué los PA que llevan mucho tiempo en Middle no hablan la lengua local. Mucha gente lleva muchos años en el país, pero apenas hablan el idioma porque, como hacen trabajos manuales, se limitan a hacer su trabajo diario desde un punto de vista físico y no se molestan en mejorar el idioma.

La psicóloga era bastante joven, de unos 35 años, y al parecer estaba mucho más satisfecha con la situación de la PA-10 que la semana pasada.

• • • •

PA-05.

La sesión empezó muy fuerte, la DT se movía de un lado a otro de la sala, con un nerviosismo fuera de lo normal. Se tocaba el pelo y se volvía hacia nosotros. Era una mujer inquietante, pensé que estaba bien y que estábamos a salvo del desastre.

Los comentarios se inclinaban hacia el lado del análisis de la ansiedad, yo diría que si tuviera que elegir un titular sería algo así como: ¿Cómo deshacerse de la ansiedad?. PA-05 estaba preocupada por la cantidad de sentimientos negativos que estaba experimentando en las últimas semanas, hablando de cambios de humor repentinos. La DT había decidido hacer una pausa.

DT: Las emociones negativas en sí no son problemas que haya que solucionar o evitar, sino que forman parte del abanico de emociones que todos experimentamos a lo largo de la vida. No podemos elegir qué sentir. Las emociones negativas no son más que respuestas normales que hay que reconocer, no evitar ni negar.

En otras palabras, tenemos que "sentirnos cómodos estando incómodos", porque sólo entonces podremos averiguar qué hacer con la causa subyacente y seguir adelante con nuestras vidas (Terapia de Aceptación y Compromiso (TAC)).

PA: Lo malo es cuando tengo sueño, por ejemplo en la cena, entonces me duermo, y cuando me despierto mi estado de ánimo no mejora, siento miedo, no sé, me cuesta incluso decidirme a salir a la calle.

DT: Sin duda es una pregunta difícil. Nadie quiere sentirse triste, asustado, solo, ansioso, exasperado o intimidado. Aceptar las dificultades de la vida, grandes y pequeñas, reales o exageradas (como a menudo resultan ser) y dar cabida al malestar en nuestras vidas es el camino más sano. Cuanto más dispuestos estemos a experimentar pensamientos y sentimientos difíciles o dolorosos.

El diálogo entre la psicóloga y la paciente fue realmente fluido, sin duda debieron de coincidir en otras sesiones. PA-05 escucha sus consejos y espera la traducción, aunque a veces da la impresión de que entiende alguna frase.

Por mi parte, hice todo lo posible por cumplir con mis obligaciones con la mayor firmeza posible, con la esperanza de que los consejos del psicólogo fueran de verdadera ayuda para PA-05. Curiosamente, se miran, escuchan mi traducción pero apenas me miran.

DT: Cuando damos cabida tanto a las malas experiencias como a las buenas, al final seremos capaces de aceptar cualquier dificultad que nos depare la vida y aprender de ella lo que podamos. No se trata de superar nuestros miedos, sino de vivir la vida al máximo a pesar de ellos.

Si nos decimos a nosotros mismos que "lo intentaremos", nos damos una salida o una excusa preparada. Si lo hacemos, es como si nos preparáramos para fracasar. Sólo funciona si es absoluta e incondicional.

· · · ·

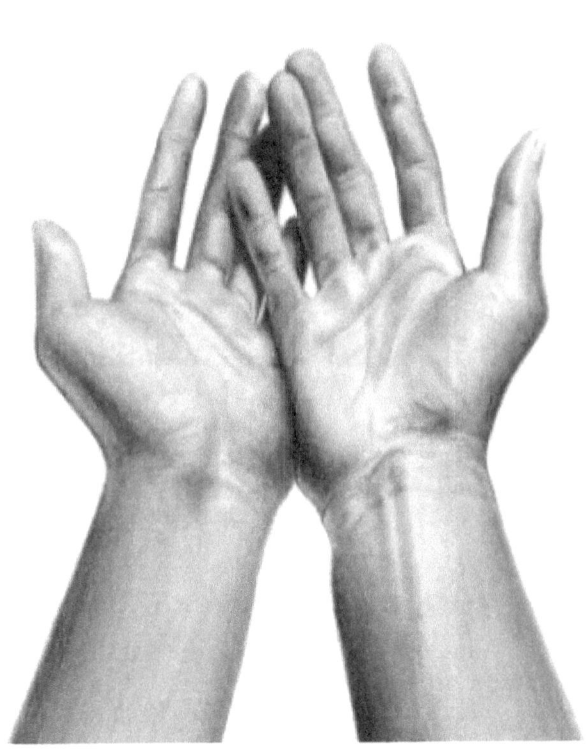

· · · ·

PA-05 permaneció tranquila, contestó con frases cortas y dio a la psicóloga la opción de revisar las notas de su portátil, que supuse procedían de sesiones anteriores y que insistían en el contraanálisis de los acontecimientos vividos y presumiblemente superados por PA-05.

Era un incentivo estadístico tan personal, para demostrar a la PA que podía conseguirlo si se lo proponía. También se le propusieron algunas sesiones en línea si lo prefería.

Otros días, cuando tengo que manejar y traducir estas charlas, requiere una concentración especial, quizá porque no estoy teniendo uno de mis mejores días, pero en éste todo fue sobre ruedas y, debo admitirlo, hasta ahora estaba satisfecho con el resultado (en lo que a mí respecta).

Los diálogos psicológicos son siempre un asunto peliagudo y requieren un estado mental muy tranquilo y coherente para evitar cualquier omisión en la traducción o cualquier forma de juicio personal.

La imagen sería como si estuviéramos realizando la sesión en un túnel subterráneo completamente vacío, los dos estarían sentados a unos metros uno frente al otro, mientras que yo estaría a 4-5 metros, transcribiendo la charla en voz alta y dando vueltas en círculos, estaba a mano, cumplía con mi deber pero era como si no estuviera allí. Sí, fue un día fantástico y extraño.

· · · ·

PA-06.

· · · ·

PA-06 dijo que todo empezó porque estaba intentando quedarse embarazada. Su idea era encontrar pareja saliendo de fiesta por la noche en una zona céntrica. Se apuntó a una discoteca del centro de la ciudad. Hizo amigos y, como necesitaba un trabajo, aceptó trabajar de azafata en la misma discoteca.

El ritmo de trabajo era duro, sobre todo porque nunca antes había trabajado de noche y era muy exigente desde el punto de vista físico.

Empezó a tomar extasis. Dice que cuando ingería esta sustancia todo era más fácil, la relación con los clientes, cumplir el horario sin dificultades (nunca tenía sueño), su relación con los amigos, aunque su fijación personal era quedarse embarazada, necesitaba tener un hijo a corto plazo (lo repitió varias veces).

La verdad es que era muy directa, muy sencilla y con un tono de voz fuerte y enérgico. Era joven, según mis cálculos no llegaba a los 25 años.

En algunas fichas de pacientes, cuando no tienen un diagnóstico grave, aparece la fecha de nacimiento, pero la verdad es que nunca la miro, no me interesa en absoluto. En mi imaginación venía una sesión que iba a ser dinámica y atractiva.

Y tenía en mente un *punto de práctica de* la APS:

- En un equipo multidisciplinar, los clínicos mantendrán un ritmo adecuado de habla, pausas y turnos de todas las partes para facilitar la transmisión de mensajes de calidad y precisos al paciente.

Sin embargo, como una cosa es la teoría y otra la práctica, no siempre es fácil encontrar una realidad adecuada para gestionar y orientar hacia el asesoramiento APS. Hay que partir de la base de que esto puede lograrse mediante un diálogo constructivo o una asociación mutua.

La DT parecía un poco abrumado por la historia, incluso tuvo que mirar a su PC delante de nosotros, que era realmente extasis y la información al respecto. Cabe señalar que se trataba de una cita inicial, no se había hecho ningún diagnóstico previo de un problema de drogas.

Los DT junior, especialmente en el GP, utilizaban google con total desprecio. Todo estaba ahí. Ahí estaba la verdad. El principio y el fin del universo. La DT comprobaba los datos de extasis.

Al principio, me había pedido que le repitiera la traducción tres veces, aunque la palabra en la lengua de origen de la PA apenas cambia, estaba claro que la había pillado por sorpresa, no sabía lo que era extasis. Con su juventud, supongo que nunca antes había tenido un caso así.

Al principio, la DT se mostró dubitativa en sus preguntas, preguntando por los efectos que PA-06 notaba al tomar la sustancia mencionada y si tomaba otras drogas, y si bebía alcohol.

La respuesta fue sí, tomó algo de cocaína (dijo que fumaba), otras pastillas (pocas) que no sabía lo que eran, simplemente se las tragaba (las que le daban los amigos) y ya está, mucho alcohol, pero sólo cerveza al final del trabajo (durante las horas de trabajo no bebía alcohol, sólo sofdrinks).

El DT adoptó una actitud pasiva y de espera, la PA-06 no paraba de hablar, me resultaba difícil seguir su línea argumental y le pedí que se calmara un poco para poder llevar a cabo la traducción de forma coordinada.

Era evidente que el DT suponía que su estado de ánimo excesivamente destemplado se debía a que la PA había acudido a la consulta bajo los efectos de alguna sustancia.

Apenas escuchaba, hablaba y hablaba con los ojos fijos en la pared, ni siquiera nos miraba.

La DT seguía tranquila, y había decidido girar la pantalla de su PC hacia nosotros, era como si estuviéramos en el salón tomando un café. O quizás su táctica era la mejor, no lo sé, el número de focos que ofrecía la PA-06 eran demasiados para estimarlos y seguirlos de forma coordinada. Por mi parte, la traducción seguía su curso, y mi esfuerzo estaba siendo muy importante.

Y me vino a la mente otro *punto de la práctica* APS:

- El clínico debe hacer pausas y evitar solapamientos, hablar a una velocidad razonable e igualar al intérprete en su traducción.

DT: No te preocupes, todo irá bien.

PA-06 se tocó las rodillas con ambas manos y se inclinó hacia delante, como si tratara de comprender el significado de aquellas palabras, y enseguida se dirigió al DT en busca de pastillas.

DT: No te preocupes, vamos a ayudarte, todo va a salir bien.

La PA-06 seguía tocándole las rodillas, era como si intentara bajarse la falda, la tenía a la altura de las rodillas y al estar sentada estaba totalmente fuera de su alcance, pero intentaba estirar la tela con fuerza, se notaba la tensión en sus manos.

Poco a poco fui comprendiendo la táctica de la DT. No me había dado cuenta pero era evidente que había un margen visible de agresividad en el planteamiento de la PA-06, de ahí, las respuestas de la DT hasta el momento como si buscara un momento de relajación para empezar a actuar. Me pareció que sabía lo que buscaba y me sentí a gusto. La sesión ya se estaba haciendo larga, y verbalmente imparable.

Y lo consiguió, poco a poco PA-06 se relajaba y hablaba con más calma. Ahora el DT había empezado a dirigir la sesión. La reunión estaba programada para 45 minutos y ya llevábamos más de una hora. Yo empezaba a cansarme, pero claro, eran fantasías mías, aún no había terminado la sesión.

Lal DT trató el asunto con firmeza, en primer lugar como es lógico y, dado que se trataba de una primera consulta, necesitaba un desglose definitivo, al que la AP-06 reaccionó con aceptación. Todo quedó en suspenso para una segunda sesión de seguimiento. Ella recibiría el msn en su móvil con la fecha y hora de la cita.

Cuando me iba, el PA-06 me invitó a una copa. Le dije que no podía porque estaba ocupado con asuntos familiares. Me dijo que estaba de acuerdo con lo que decía el DT, pero que tenía que tomar pastillas y que sólo le había recetado Paracetamol (no sé si esto es cierto porque no tuve la oportunidad de ver la receta).

Me dijo que iba a tomar la iniciativa, que quería vivir en *Middle*, que la noche la estaba superando, que no le gustaba su trabajo y muchas otras cosas. Intenté recordarle que la sesión había terminado, que si necesitaba mi ayuda como traductora podía ponerse en contacto conmigo en la agencia, pero que yo no tenía ni idea de medicamentos ni de asesoramiento.

• • • •

PA-58.

• • • •

PA-58 estaba destrozada porque había roto con su novio. Hacía semanas que habían hecho un viaje, un viaje a Bharat que ella le había pedido a su pareja como regalo. Habían visitado esa ciudad, PA-58 estaba emocionada e ilusionada por hacer ese viaje que para ella era un sueño, un auténtico cuento de hadas.

Ahora, semanas después, desde que habían vuelto a Middle, todo había cambiado por completo. Su novio la había abandonado (hasta entonces vivían juntos). Estaba muy angustiada, desconsolada y triste.

Continuó con su actuación, de hecho, era como si la hubiera preparado, como si hubiera memorizado su historia antes de venir. Digo esto porque se reclinaba en su silla, miraba a la DT y empezaba a hablar consecutivamente, deteniéndose sólo para dejarme traducir, pero me miraba y enseguida, tras mi traducción, reanudaba sin pausa.

PA-58 hablaba y hablaba, como IT traduciendo, y el DT escuchaba. Llegué a pensar si la DT estaba realmente escuchando, no decía nada, parecía estar en otra parte. Incluso miraba los mensajes de su móvil mientras PA-58 seguía dando vueltas por Bharat.

La charla fue realmente un monólogo y la historia parecía sacada directamente de un folleto turístico de "cosas que hacer en Bharat" o "lugares que visitar en Bharat". Mencionó varios lugares de la ciudad, el hotel donde se habían alojado, los viajes que habían hecho y muchas cosas más. Todo era fantástico, maravilloso, inolvidable, unas vacaciones de ensueño.

La DT seguía con su móvil, el PA-58 me miraba y esperaba la traducción. Desde luego fue una sesión un tanto atípica, se salía de la norma. Fue como una discusión amistosa en torno a una taza de té y galletas de chocolate. Faltaban fotos de Bharat sobre la mesa y fotos de la pareja montando en camello.

Lo único es que, no me preguntes por qué sí o por qué no, pero fue una de las pocas ocasiones, asistiendo a este tipo de sesiones, que tuve la percepción personal de que la mayoría de las cosas que contaba la PA-58, no eran ciertas, que se inventaba muchas de las escenas, como si fuera una mentirosa compulsiva o algo así, no sé, probablemente me equivoque, sólo fue una impresión instantánea.

De repente la DT preguntó: ¿Estás embarazada?.

El problema es que ella estaba destrozada, absolutamente deprimida porque, al volver de Bharat, su pareja la había dejado, habían roto, él se había mudado del piso que compartían. Ya no estaban juntos.

Ahora, varias semanas después, estaba buscando ayuda psicológica, porque ni siquiera salía de casa, estaba extremadamente deprimida y sí, según las pruebas que se había hecho, estaba embarazada, lo que empeoraba aún más su estado negativo-depresivo.

PA-58: Quiero salir de esto. Quiero volver a estar vivo. Me siento muy débil. ¿Por qué ha tenido que pasar?. ¿Todo iba tan bien?. Ahora, lejos de mi país, sola, ¿qué voy a hacer?.

La DT le pidió que se calmara. Le pidió que mantuviera el control, que iba a ayudarla, después de todo, el embarazo debía verse como algo positivo.

PA-58: Tener un hijo no me disgusta, pero me frustra que su padre no esté con nosotros.

DT: Si él no quería ser padre, eso es realmente su problema. ¿No tienes familiares que puedan ayudarte?.

PA-58: Mi madre estuvo de visita en Middle hace un año, pero ha vuelto a nuestro país. No sé, puede que sea lo mismo que tengo que hacer yo, irme de este país, no sé.

DT: De momento, tienes que calmar esa ansiedad. Haz un seguimiento de tu embarazo en sus primeras fases y cuida tu salud.

PA-58: Sí, pero en casa no puedo dejar de llorar, no me siento con fuerzas.

La conversación fue extensa, con varios comentarios de la DT, consejos y menciones de medicamentos útiles, que poco a poco consiguieron calmar al paciente. Nos despedimos. No volvimos a vernos.

· · · ·

PA-12.

Un centro privado muy cerca del centro de la ciudad. Primera visita del PA-12. Llevaba esperándole más de media hora cuando se retrasó. A veces, cuando el paciente llegaba con más de media hora de retraso, se cancelaba la sesión de IT. En este caso, decidimos esperar.

La verdad es que PA-12 parecía una de esas personas sin hogar de la calle, olía bastante mal y vestía como si llevara semanas durmiendo en la calle. Por lo que pude comprobar, era su primera visita a este Centro.

Su principal problema era que, según él, llevaba varias semanas durmiendo no más de 3-4 horas al día, o incluso menos, lo que había empeorado considerablemente su vida personal y, por cierto, hacía tiempo que había perdido su trabajo. El caso es que se hacía pasar por una de esas personas a las que les gusta saltarse las normas sociales.

Como en la mayoría de estos casos, la psicóloga, aunque ya tenía el historial del paciente (supuestamente del NHS), quería escuchar la versión de la historia del propio PA-12. No tardó mucho en confesar que había sido un cocainómano permanente durante bastante tiempo. No tardó mucho en confesar que había sido un cocainómano permanente durante bastante tiempo.

Nos contó, y me pidió que se lo tradujera, cómo se le había encogido el mundo, y cómo sentía una depresión brutal que le impedía dormir, entre otras dolencias. Hablaba y se expresaba de forma firme, muy contundente, transmitiendo veracidad en todo lo que decía. La psicóloga esperó a que tradujera, tomó notas y continuó con su lista de preguntas preestablecidas.

La sesión fue muy intrigante, PA-12, a pesar de sus achaques, tenía un peculiar sentido del humor y habló de su hábito habitual de tomar cocaína sólo para dejarla de repente, de su falta de sueño, de sus problemas económicos y de cómo le había dejado su mujer.

Ciertamente, su adicción parecía haber golpeado de lleno su vida, o al menos eso nos dijo. Ahora se enfrentaba a la abstinencia.

DT: Uno de los resultados de la influencia social es el desarrollo de normas sociales. Formas de pensar, sentir o comportarse compartidas por los miembros del grupo y percibidas por ellos como apropiadas. Las normas incluyen costumbres, tradiciones, estándares y reglas, así como los valores generales del grupo.

Los nuevos valores de tu medio se están manejando de forma equivocada. Tiene que acostumbrarse a estas nuevas normas, al menos aceptarlas durante el tiempo que esté aquí, sobre todo porque dice que quiere vivir en el país durante un largo periodo de tiempo.

DT: A través de las normas aprendemos lo que la gente hace realmente y también lo que deberíamos hacer (hacer a los demás lo que te gustaría que te hicieran a ti) y lo que no deberíamos hacer. Podría tratarse de un caso de inadaptación al nuevo entorno en su nuevo país. Hay que trabajar en ello.

Hoy necesito un poco de relax, necesito que la sesión tenga algo de música jazz de fondo. Mi mente divaga durante unos segundos de la sesión (los que utiliza el DT para sus comprobaciones personales) y me imagino al PA-12 con una guitarra en la mano, vestido con una camisa hawaiana y un daikiri sobre la mesa, el DT fumando cigarrillos mentolados y yo traduciendo desde una tumbona, pero todo es una ficción, el DT vuelve y no hay nada de eso.

El DT hizo algunos paréntesis para incluir puntos teóricos:

El síndrome de abstinencia es uno de los riesgos del consumo de cocaína. Puede producirse cuando una persona consume cocaína repetidamente durante un periodo de tiempo y luego deja de consumirla o la reduce bruscamente. El síndrome de abstinencia de la cocaína puede incluir síntomas físicos y psicológicos.

Es un signo de dependencia, en el que el cuerpo se vuelve dependiente de una droga para funcionar. Cuando una persona deja de tomar la droga o reduce la cantidad de cocaína que toma, puede experimentar síntomas de abstinencia a medida que el cuerpo se adapta a no tener la droga.

El síndrome de abstinencia de la cocaína puede implicar una serie de molestos síntomas físicos y psicológicos/comportamentales. Los signos más frecuentes son:

- Estado de ánimo profundamente disfórico. Depresión (que puede incluir pensamientos suicidas).

- Ansiedad. Irritabilidad. Fatiga. Poca energía mental o física. Lentitud de movimientos.

- antojos persistentes de drogas dificultad para dormir o dormir en exceso.

- sueños vívidos o pesadillas dificultad para concentrarse problemas de memoria.

DT: hay que estar preparado para afrontar estos retos. Trabajemos juntos en ello.

Extrañamente, PA-12 desvió la conversación y empezó a hacer referencias religiosas. Dijo que Jesucristo era su apoyo y que con su ayuda, su vida sería más fácil, que tenía un Nuevo Testamento en su dormitorio para consultar. Sí, la ayuda de Jesús, él me ayudará a superar esto.

Mencionó otro libro (no dijo el título), que hablaba de la muerte de Jesús, de cómo había sufrido y de cómo su viaje a la Cruz y sus últimas palabras ayudarían a los desamparados. Dijo que era un discípulo más y que esperaba la salvación.

El psicólogo, al filo de estas notas religiosas, no dudó en preguntar: ¿has tenido pensamientos suicidas?. PA-12 se reclinó en su silla, miró al psicólogo y dijo: Sí, los tengo (silencio).

PA-12 argumentó que necesitaba una terapia comunicativa, sentía que cuando hablaba con un experto se sentía aliviado y, cuando llegaba a casa, podía afrontar mejor sus problemas cotidianos (vivía con su madre desde que su mujer le abandonó).

Por otro lado, tenía miedo, no quería volver a consumir, pero le resultaba muy doloroso tomar esa decisión. Cuando no tomaba, todo se volvía negro. El psicólogo tomaba notas y escuchaba. No hizo ningún comentario al respecto.

El DT ofrece un giro a la sesión. Plantea comentarios sobre las diferencias culturales, hace preguntas a PA-12, si ya tenía estos problemas de consumo adictivo cuando estaba en su país, antes de venir a Middle.

DT: Es importante ser consciente de las culturas y las diferencias culturales, al menos en parte porque cada vez más personas de distintos orígenes culturales entran en contacto entre sí como consecuencia del aumento de los viajes y la inmigración.

El DT volvió a entrar en acción con preguntas asertivas:

DT: ¿Se siente oprimido en esta sociedad?. ¿Se considera una víctima?. ¿Se siente marginado?.

PA-12: No sé, me gusta la comida de aquí. A veces, paso varios días sin comer casi nada. Los dulces o los chocolates son mi comida durante días.

DT: Pero, tu entorno, ¿Notas hostilidad?. ¿Sientes el contraste con tu país de origen?. ¿Sientes que te afectan los nuevos hábitos de vida?.

PA-12: No sé, me gusta vivir aquí. Fue idea de mi mujer venir aquí.

Las respuestas del PA-12 no dejaron satisfecha al DT, que fijó su mirada en mí y propuso al PA-12 realizar un test psicológico, con tres respuestas a cada pregunta, y él debía elegir una de las tres (tenía que marcar una de las tres con bolígrafo en la casilla correspondiente tras la traducción).

El examen constaba de unas cinco páginas, así que te aconsejaban que contestaras rápido y no pensaras demasiado. Estábamos en la mesa de al lado respondiendo a estas preguntas.

Esencialmente, las preguntas mostraban la relevancia de las presiones del consentimiento en los grupos sociales y cómo las personas en el poder podían crear dependencia, incluso hasta el punto de llevar a la gente a causar graves daños a otros.

El centro en el que estuvimos estaba situado en una zona cómoda, alejada del ruido y rodeada de vegetación con varios árboles, la habitación tenía grandes ventanales de cristal y podíamos ver la lluvia caer al fondo. Era una típica tarde de invierno.

Hoy no tenía más sesiones, así que me relajé y ayudé a la PA-12 todo lo que pude. Me preguntaba para mis adentros, si la psicóloga sería capaz de adivinar la imagen de la guitarra y la tumbona, pero creo que su mente estaba lejos, la distancia entre el IT y la contextualización del momento también puede presentar sus lagunas mentales.

DT dijo que, en principio, no iba a tratarlo como un problema de adicción, ya que, según tenía entendido, consumía cocaína pero controlaba su consumo muy eficazmente y no parecía ser la fuente del problema. La cuestión, sin embargo, iba más allá. Pensó que se trataba de un trastorno de la personalidad.

PA-12 escuchó atentamente mi traducción y no dijo nada, como si aceptara lo que la DT decidiera hacer de forma constructiva. En este caso, se quedó mirando como esperando algún razonamiento extra, que llegó enseguida por parte del DT, que empezó a relatar una retahíla de razones de esta personalidad desordenada, intentando explicar las conexiones con el caso de PA-12.

El asistente tenía una gran sonrisa en la cara y no paraba de tocarse la nariz. Parecía divertido, aunque no tengo ni idea del motivo.

P A-03.

· · · ·

Como en otras visitas a domicilio, sólo tenía la dirección del edificio. Era una mañana de enero, lo recuerdo porque llevaba dos días nevando en Middle. La visita estaba a unos 5 kms. Pude distinguir un bloque de edificios, en la dirección indicada. El del centro era el que estaba enfrente del mío, bastante feo y calculo que de unos 12 pisos de altura. Mi parada estaba en el sexto piso. Hacía mucho frío.

Por regla general, nos daban un número de teléfono móvil del trabajador social, para que pudiéramos reunirnos antes de entrar en la casa. En este caso, hubo dos personas con las que pude reunirme más tarde en la puerta principal del edificio tras unos mensajes de texto muy directos.

Ambos eran muy amables, se presentaron rápidamente, se mostraron también notablemente fríos y, sin mediar más palabra, llamaron al timbre. Abrió la puerta una mujer de unos 50 años, quizá más, vestida con un delantal de cocina de desayuno. Tenía los ojos brillantes. La cita era muy temprano por la mañana.

PA-03 y la DT hablaron muy cordialmente y nos invitaron a pasar a una sala de estar, con un sofá muy cómodo. La verdad es que era sorprendente que en un edificio de aspecto limitado y feo hubiera una sala de estar tan espaciosa. Había mucho espacio. Una sensación de bienestar.

La DT, como de costumbre, fue directo al tema que nos trajo a este lugar. PA-03 era el objeto de la invitación. Era un adolescente, hijo de la mujer que nos abrió la puerta y padecía algunos trastornos que yo desconocía en ese momento (no me habían informado hasta entonces).

El chico tenía propensión a la masturbación y, según las primeras frases explicativas, practicaba esta actividad a la vista de todos, es decir, era aficionado a masturbarse y lo hacía en cualquier lugar de la casa, especialmente en el cuarto de baño, pero con la puerta abierta de par en par.

DT: En los niños, la masturbación está provocada por su curiosidad, así como por impulsos hormonales que se desplazan de forma natural en su organismo. Muchos niños también recurren a la masturbación para liberar tensiones, incluso sin comprender la ciencia que hay detrás.

Hay que añadir que tenía dos hermanas, que vivían en la misma casa y, como es de suponer, consideraban sus actitudes totalmente inadmisibles, aunque la DT dejó claro que ya había sido diagnosticado anteriormente (no dijo de qué) y que ahora recibiría tratamiento y seguimiento, porque PA-03 era una persona amable que no hacía daño a nadie, ni agredía ni perjudicaba a nadie.

DT: La masturbación dentro de un espacio específico, seguro y privado es en realidad bastante saludable y no causa dificultades de salud sexual a largo plazo. Lo perjudicial no es la masturbación, sino cómo la abordamos como padres cuando les "pillamos" en el acto.

Su madre fue tajante en sus comentarios, pidiendo al DT una resolución, diciendo que ya había habido muchas sesiones y que no veía ningún progreso. El DT dejó claro que se trataba de un tema delicado y que requeriría tiempo.

La madre dijo ahora que era un mal momento en la familia y que no deseaba obstaculizar el crecimiento de sus hijas con este asunto y que antes solicitaría una medida como un internado o algo similar si sus finanzas se lo permitían.

Dijo que su hijo era lo que más quería, pero que no se daba cuenta de por qué hacía esas cosas, por qué llegaba a esos niveles de exceso. El DT le dijo que él actuaba inconscientemente, que no era una acción deseada, que la mayoría de estos casos son de naturaleza psicológica, y que era conveniente hacerle un seguimiento para encontrar el mejor tratamiento para la familia.

DT: Sin embargo, mientras los niños se masturben en un entorno público, tendrá efectos negativos a largo plazo. Esto no les ayudará a entender la diferencia entre una "caricia consentida" y una "caricia no consentida" ni a evitar que alguien les haga daño sexualmente.

• • • •

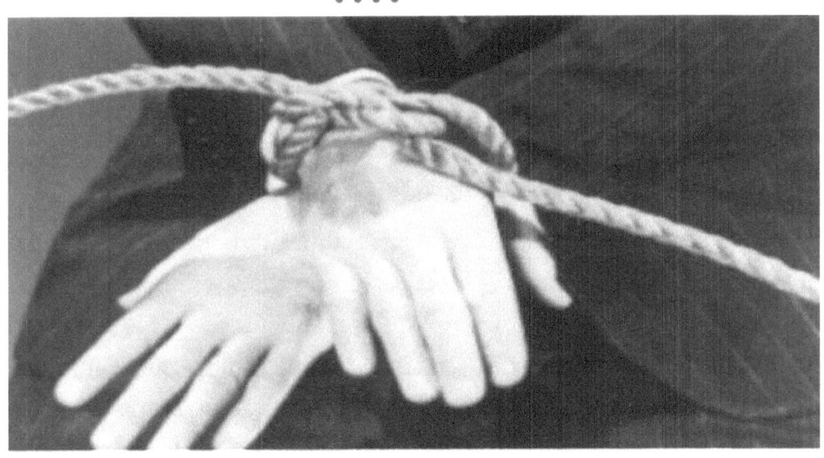

• • • •

La DT simpatizó con la preocupación de la madre, porque se trataba de un caso en el que el comportamiento realmente indicaba la necesidad de tratamiento médico o psicológico, entre otras cosas por la continuidad de hacerlo en espacios donde otros podían verlo.

Ya no valoraba su propia intimidad. Se masturbaba compulsivamente, aunque hasta el momento no había indicios de que obligara a otras personas de su entorno a mantener relaciones sexuales con él.

DT: Aunque hay impulsos y comportamientos naturales que se consideran normales, también hay comportamientos sexuales que pueden ser preocupantes y necesitan una evaluación psicológica o médica.

Una de las hijas se acercó, todos la miraron, iba vestida como si acabara de salir de la ducha. Cogió algo de la nevera del lado y sin decir nada se fue.

Era como si fuera a decir algo, pero prefiriera callarse o que alguien de su familia le hubiera advertido que no interviniera. Por lo que podía ver, no había padre, es decir, nadie se refería a una figura paterna masculina, ni había nadie presente.

Como informático, debo admitir que la charla era muy fluida y que utilizaban un lenguaje muy común que era fácil de traducir. Me sentí bastante cómodo, porque estaba sentado en el borde del sofá, lejos de la madre, que era una buena posición para hacer mi servicio.

La siguiente traducción fue más complicada, porque la DT pedía a la madre que explicara con detalle algunos de esos momentos en los que su hijo se masturbaba, digamos que delante de todo el mundo. Según su explicación, se trataba de precisar las razones por las que se masturbaba.

Expresó que parte de su preocupación era que temía que estuviera incitando a sus hijas a hacerlo, veía su actitud de hacerlo en público como la situación más preocupante, ya que lo natural sería que si lo hiciera en privado estuviera casi dentro de lo normal para su edad.

Al menos como madre había oído comentarios de otras madres de que no era una gran sorpresa. Pero en público delante de familiares y, una y otra vez, tenía su punto de rechazo que no hacía falta explicar.

Empezaba a sentirme confuso, porque, según los comentarios anteriores, se le había diagnosticado cierto grado de retraso. Y llegó uno de esos momentos en los que la traducción es traicionera, de madrugada y con una madre que hablaba sin rodeos.

Dos días antes, se había masturbado en el cuarto de baño, hacia las tres de la tarde, justo cuando una de sus hermanas recibía la visita de dos amigas. Había sido muy embarazoso para todos. Las reacciones habían sido de asombro, y la madre reconocía que su preocupación iba en aumento. La hermana reconoció que difícilmente iba a invitar a sus amigas a su casa.

Ahora no era fácil traducir los detalles, incluidos todo tipo de hechos, si tenía el miembro en la mano derecha pero no hacía gestos, si estaba fijo y estático o no, si hacía alguna insinuación a los que pasaban por el pasillo y le veían, etc.

La DT repetía preguntas, y la madre sin mucho más, realmente fuerte en su postura, explicaba pero sin miradas agresivas, sin malos gestos, realmente nos estábamos haciendo amigos (había buen rollo a pesar del tema tratado).

DT: Explica a tu hijo que es natural que a veces quiera descubrir y que, si lo hace, debe hacerlo solo y en privado, a salvo del peligro público de los extraños. También puedes redirigir su atención manteniendo sus manos ocupadas con otra cosa en su lugar.

DT: Si el problema se presenta con regularidad y no desaparece, lo mejor es que hables con su pediatra y le ofrezca consejos a tu hijo como precaución sanitaria durante su próxima revisión.

En este punto, ya transcurridas más de dos horas de charla, la DT reaccionó y no quiso seguir por ese día. Se habló de una nueva reunión dentro de unos 20 días. Se lo agradecí, necesitaba un descanso. Hubo las despedidas pertinentes. En ningún momento vimos a PA-03. Era temprano, debía estar durmiendo. Había sido una visita sin la presencia del paciente.

· · · ·

PA-02.

· · · ·

PA-02 vivía en un edificio muy alto, en una zona de varios edificios comparables. El entorno en sí era gelatinoso. Era un caso de Alheizmer.

La mujer estaba en cama, tuvimos que esperar a que una enfermera la trasladara a una habitación contigua.

Por lo que pude comprobar, su estado empeoraba. Hacía varios años que le habían diagnosticado la enfermedad, se movía dentro y fuera de la casa y era conocida por los familiares, sin embargo, desde hacía semanas todo había empezado a empeorar.

Ahora ya no reconocía a ninguno de sus familiares. Poco a poco resultaba muy improbable que pudiera levantarse de la cama. Su nivel de conciencia general se había deteriorado gravemente. Según mis conocimientos previos, se trataba de delimitar el estado actual de PA-02 y cómo se gestionarían sus cuidados y atención en el futuro.

Una de las hijas había pedido ser ingresada en una clínica privada, pero uno de los hermanos no estaba de acuerdo.

En fin, había varias cuestiones y todas ellas muy complejas de tratar, aunque nos centraríamos en conocer el nivel de consciencia de la PA-02. La DT establecería sus pruebas y variables pertinentes y lo consultaría con sus superiores y/o familiares.

PA-02 habló casi sin que se lo pidiéramos, reaccionó a nuestra presencia de forma amistosa, como quien busca un oyente fuera de su entorno habitual. En cualquier caso, desde el principio quedó claro que decía cosas inconexas, referencias que no tenían ninguna relación con nosotros, y que hablaba por impulso, para luego quedarse en silencio durante largo rato, como pensativa.

También estaba claro que el idioma no era el problema, ella era capaz de comunicarse en el idioma que se le había pedido, de hecho, me miraba fijamente e incluso intentaba agarrarme la mano cuando hablaba. De hecho, parecía una mujer asustada, portadora de una fuerte angustia interior, me resultaba difícil mantener la calma cuando se expresaba.

Para que nos entendamos, cada vez que el DT le hacía una pregunta ella escuchaba y respondía, pero la respuesta siempre era inconexa, no tenía nada que ver con lo que le habían preguntado.

La mayoría de las respuestas empezaban por un nombre, siempre refiriéndose a alguien por su nombre, aunque esa persona no fuera ni un familiar ni ninguna de las personas que estaban en la sala. Por decirlo de una manera frívola, pero que ayuda a entender el contexto, es como si alguien me preguntara detalles sobre mi vida privada y yo respondiera con respuestas de una película que había visto hacía semanas, nada relacionado.

Si se refería a su nombre, lo hacía en tercera persona. Por ejemplo, decía:

PA-02: Si ella estaba allí (su nombre), ella fue la que lo hizo, ella movió la caja.

Si le preguntaban por un familiar, repetía el nombre varias veces, pero nada más:

DT: ¿Has visto a Jaime (un hermano)?.

PA-02: Sí, Jaime, Jaime, Jaime, Jaime (silencio).

DT: ¿Has visto a Mira (hermana)?.

PA-02: Mira, Mira, Mira (silencio).

DT: ¿Qué edad tiene Jaime?.

PA-02: (silencio total).

DT: ¿Has desayunado?.

PA-02: Desayuno, pero cómo que desayuno (silencio).

He asistido a varios casos de ALheizmer, pero éste era sin duda el más avanzado. Aquel en el que era más claramente visible la influencia nociva y degenerativa del Alzheimer en el paciente.

En realidad, era muy difícil mantener el diálogo, la gente al fondo, junto a la ventana, callada, pero observando y con breves referencias a las preguntas (sólo cuando eran sobre asuntos familiares). Si uno de ellos hablaba durante mucho tiempo, entonces PA-91 no decía absolutamente nada, ni contestaba ni nada.

• • • •

PA-53.

• • • •

Se trata de un caso controvertido porque no pudo llevarse a cabo. Se trataba de una residencia privada de ancianos en la zona de Middle. Las calles circundantes, en el centro de la ciudad, bullían de transeúntes. Era la hora de comer de una mañana de noviembre, en pleno invierno. Soplaba un viento suave pero cortante.

La residencia estaba cerca, era fácil de ver. Era la primera vez que visitaba este centro. La puerta exterior estaba cerrada, tuve que llamar e identificarme, para que me permitieran la entrada al interior. El ambiente dentro era realmente acogedor, la calefacción funcionaba bien y acorde a las necesidades.

Estaba sentado en un sofá esperando a que alguien me atendiera. Se me acercó una señora mayor, delgada y de andar pausado. Tenía una sonrisa en los labios, comprobó mi placa y los datos del PA-53 y, certificando que todo estaba en orden, había anotado en un cuaderno a la entrada la asistencia de un informático, que era yo, y también había marcado con mucho cuidado el nombre del PA-53.

DT: Tenemos que ir a la habitación 422. Por favor, síganme.

La señora me inspiró confianza, contándome a grandes rasgos el estado de la paciente, que ya llevaba bastante tiempo en el hospicio. Según me dijo, había empeorado en las últimas semanas, de ahí el motivo de esta reunión con el informático, porque era extranjera, hablaba poco inglés y había perdido la capacidad auditiva.

Su estado de salud se estaba deteriorando, estaban en esa fase crítica, en la que era imperativo verificar la capacidad real de la persona para valerse por sí misma. Ya había visto casos así antes, así que no me cogieron por sorpresa.

También me informó de que tendríamos que esperar a otras dos personas, una trabajadora social que la había atendido anteriormente y otra persona que me dijo que era especialista, aunque no me dijo qué cargo ocupaba.

La residencia era espaciosa, aún caminábamos todo el tiempo por la planta baja. Pude ver varias habitaciones al fondo, una de ellas tenía el número 422 en la puerta: punto de mira.

La puerta estaba completamente abierta, la habitación era muy espaciosa, mucho más que otras que había visto antes en este tipo de residencias, reflejaba un ambiente cálido y confortable con todo tipo de accesorios, incluyendo algunos sillones, un sofá y otros. Al fondo, cerca de la ventana, estaba la cama. La PA-53 estaba en el sofá, algo que me señalaron enseguida.

Con ella había una chica joven, de menos de 30 años, pensé que era una pariente, o una hija, pero no, me dijeron que era enfermera. Parecía completamente ajena a nuestra presencia.

La PA-53 estaba sentada tranquilamente sin mucho alboroto, daba la apariencia de una anciana bien cuidada, incluso llevaba un peto azul claro con un dibujo de patos rojos. Era como si la hubieran arreglado bien para esta reunión. La habitación olía muy bien, más a sauna de lujo que a habitación de residencia de ancianos.

La enfermera también iba muy bien vestida, no llevaba bata médica, razón por la que al principio no la asocié como tal. Llevaba un pantalón beige y una blusa verde suave, que la hacían parecer una dependienta de la cadena Primark. Cuando me vio, murmuró algo así como: sí, sí, ya sé, un traductor, sí, claro, ya he visto a otros antes, sí, ya sé, el que traduce.

La forma en que se había estado expresando, aparentemente inusual, me hizo sospechar, había algo raro en ella, o al menos esa fue mi primera impresión, y tristemente, no estaba equivocado. Ella iba a ser la estrella invitada de esta reunión.

En cuanto a mí, seguía de pie cerca de la puerta, esperaba la llegada de la DT y, aunque nunca acepté en estas visitas sentarme ni acercarme al PA-53, no tardaron en llegar. Me estrecharon la mano y me hicieron un rápido resumen de la situación y de cómo se iba a tratar el asunto. Vieron a la enfermera y le preguntaron quién era.

Ella respondió, pero no de forma amistosa. El personal se dio cuenta inmediatamente de sus modales y le dijo que entendían que era la enfermera, pero que ya tendría tiempo de hacer su trabajo más tarde, que ahora tenía que salir de la habitación porque tenían preguntas que hacerle a PA-53 y necesitaban saber si era capaz de responder o cuál era su estado físico y mental.

Para eso estaban todos allí. Mientras decían estas frases, la señora que me había recibido en el vestíbulo seguía de pie a mi lado. Supuso que era hora de irse, se volvió hacia el exterior y tiró suavemente de la puerta sin cerrarla del todo, dejándola entreabierta.

Todos esperábamos que la enfermera hiciera lo mismo, siguiendo las pautas anteriores, pero no, con un tono de voz mucho más alto dijo que de allí no se movía. Curiosamente, habló en respuesta a lo que decían los asistentes, pero fijó sus ojos en mí.

Luego, siguió diciendo, siempre mirándome: sí, sí claro, el traductor, ya sé, ya sé de qué va todo eso.

Su tono sonaba bastante desagradable, había una broma de ironía o sarcasmo o crítica hacia mí, como traductora, que ninguno de los presentes había entendido. Como ya he dicho, nunca había estado en esta clínica y no conocía de nada a esta joven.

El otro asistente, el especialista (no me dijeron en qué campo), se acercó a ella y, en un tono muy suave y tranquilo, le dijo que él no podía estar presente, que sólo serían unos 30-40 minutos, pero que sólo podía estar presente el informático, debido a la barrera del idioma, pero que necesitaban que la PA-53 estuviera sola.

También mencionó que se trataba de un procedimiento habitual en estos casos, del que se había informado previamente a la dirección de la clínica, y que no era una cuestión de azar, sino que había unas reglas del proceso. Todos teníamos que adaptarnos a un protocolo.

Respondió la joven:

- En absoluto. No voy a dejarla sola con uno de esos traductores extranjeros y dos negros.

Lo dijo en un tono agresivo y en voz alta. Me quedé de piedra. Los dos asistentes eran negros, sí, presumiblemente de un país africano que vivía en Middle. Había muchos asistentes sociales africanos con doble nacionalidad, ya había conocido a otros, gente de África, ahora casados y viviendo con doble nacionalidad en Middle.

Ni que decir tiene que hubo momentos de pausa y silencio. Por mi parte, nada que decir, de momento el PA-53 no había hablado, así que la conversación entre los demás era en inglés, no había necesidad de ninguna traducción.

La trabajadora social principal (recuerdo que una era mujer), aparentemente no se dio cuenta del comentario ofensivo que acababa de escuchar y con una suave sonrisa dijo:

- Lamento mucho que tenga esa imagen de nosotros. Somos profesionales que llevamos años trabajando en estos casos y tenemos que seguir con nuestras obligaciones. Le agradeceríamos que abandonara la sala.

La joven no dejaba de mirarme. No sé por qué, ellos le respondían pero ella me miraba a mí, era inusual. La situación era tensa, sin excusa aparente, difícil de comprender.

Respondió la joven:

- De ninguna manera. No te dejaré solo.

Se miraron, los dos asistentes, y juntos se dirigieron a la ventana, como dando la espalda a la joven. Se susurraban cosas, sin que pudiéramos oírlas.

Volvieron sobre sus pasos. Dijeron que aquello era muy irregular y que no tenían ni idea de sus motivos. En cualquier caso, para evitar tensiones, hoy ya era tarde, pero mañana a primera hora hablarían con la dirección de la clínica para resolver la desagradable circunstancia.

Iban a cancelar la reunión, pero también le dejaron claro que la consideraban totalmente culpable del retraso de la reunión, de sus implicaciones y de tener que volver a llamar a otro intérprete. La chica no dijo nada.

Se sentó en el sofá y cogió el móvil para enviar un mensaje. A decir verdad, nadie en la sala era capaz de comprender lo que le estaba pasando, ni entendíamos quién era, si era una enfermera de verdad.

En vista de la compleja situación, y dado que decidieron anunciar la cancelación, dije que me marchaba y que ya sabían dónde contactar si volvían a necesitar un traductor. La representante fue muy cordial y me agradeció mi asistencia. Ella misma firmó mi formulario de visita. Asentí y me fui.

La puerta de salida se podía abrir desde dentro con el botón de desbloqueo interior, así que no tuve que esperar a que me ayudaran. Me marché, algo contrariado pero sintiendo cierto alivio. Todo el escenario era muy intrigante y, en estos casos, la cancelación era lo mejor que se podía hacer.

· · · ·

PA-64.

· · · ·

PA-64 había sufrido un accidente de tráfico que le había provocado una tetraplejia total (lesión completa de la médula espinal cervical). Tendrá que luchar el resto de su vida, aunque era difícilmente imaginable, pero podía considerarse afortunado de estar vivo (dada la enormidad del accidente).

Por las pruebas que me dio su mujer del accidente, PA-64 no tuvo la culpa del accidente. Simplemente se encontraba en una zona de la carretera esperando su turno para pasar por la izquierda, en moto, cuando un coche que circulaba a gran velocidad invadió su carril, llevándoselo por delante. El accidente fue devastador, según me contó su mujer, porque la velocidad del coche era muy superior a la permitida en una zona urbana.

Llevaba mucho tiempo ingresado, y ahora tenía prevista una consulta para comprobar su evolución física, seguimiento y también porque tenía que actualizar su situación en la residencia que le habían concedido. Posiblemente iba a ser enviado a otra con criterios similares pero mejor acondicionada. Quedaba pendiente la confirmación definitiva.

Lo más sorprendente de este hombre (acompañado en todo momento por su esposa) era que, aparte del hecho de que iba en silla de ruedas, tenía un aspecto muy favorecedor, si sólo se pudiera ver la parte superior de su cuerpo, la parte superior de su cuerpo, en una foto, sería absolutamente imposible adivinar su verdadero estado de salud. Parecía una persona fuerte y exteriormente, incluida la cara, no tenía ninguna marca del accidente.

Evidentemente tenía muchos problemas de salud como consecuencia del accidente, no sólo problemas de movilidad, pero su intelecto estaba totalmente intacto. Hablaba con mucha fluidez, sabía lo que quería y sabía escuchar las explicaciones del DT.

Vivían en una zona muy tranquila y confortable, en una vivienda privada de planta baja, que le habían concedido como ayuda a su discapacidad. La casa estaba muy bien equipada y con detalles orientados a su disfunción.

Ahora en su casa lo primero que tendría que aprender era a encontrar sus opciones de movilidad personal, es decir, aprender a hacer cosas básicas por sí mismo, sobre todo la movilidad en la cama e incluso algunos pasos más importantes.

El DT le enseñó una técnica básica pero muy potente, con el uso de una pequeña tabla, para poder bajarse de la cama a su silla de ruedas sin ayuda de nadie, por sí solo. Se practicó varias veces, PA-64 estaba muy emocionado, tenía a su mujer pero la idea de hacerlo solo le llenaba los ojos de alegría.

Fuimos al baño, un punto vital en esta sesión de entrenamiento. El terapeuta aplicó otras técnicas para que PA-64 practicara opciones de uso de los elementos más básicos del lavabo.

Había estado luchando con esto, todavía necesitaba mucha práctica, pero el DT le estaba dando consejos sobre cómo avanzar con la ayuda de su mujer, buscando el punto álgido de una posible independencia en el futuro. El DT por su parte haría visitas regulares para ayudarle semanas después.

Otra petición que hizo fue que le cambiaran la silla de ruedas, ya que le quedaba un poco pequeña. Casi todos los casos que vi con pacientes en silla de ruedas pidieron que se les cambiara la silla (era muy frecuente), aunque las peticiones tardaban mucho tiempo. No hay que olvidar que se trataba de un accesorio que se proporcionaba gratuitamente al paciente en aquella época.

La mujer permaneció en un segundo plano, dejando que él hiciera peticiones y comentarios. Se expresaba con mucha precisión, sus ideas eran claras a la hora de luchar contra la minusvalía de forma personal y casi profesional, buscando el apoyo del especialista, y por eso era tan contundente.

Los diálogos eran claros, precisos y fáciles de traducir. Toda la terminología utilizada era bastante común y fácilmente identificable de otros casos que había tenido y del contexto en el que nos movíamos.

Hubo un último tiempo en la cocina. Se comprobaron sus últimas pruebas médicas. Su evolución física según ellos era satisfactoria, había habido mejoras dentro de la gravedad del caso.

· · · ·

PA-25.

El paciente había solicitado una consulta a domicilio porque tenía un problema en la rodilla, era temporal y no podía moverse bien. Sin embargo, su consulta era sobre otra cosa. Hoy le ha visitado una DT que le ha proporcionado información sobre su estado. También tomó nota de la opción de seguir un tratamiento hospitalario, una vez arreglada la rodilla.

Informó al DT de problemas urinarios, como un flujo débil al orinar, sensación de que la vejiga no se ha vaciado correctamente, dificultad para empezar a orinar y goteo de orina después de terminar de orinar.

DT consideró que estos síntomas también pueden deberse a diferentes causas, como el frío, la ansiedad, otros problemas de salud, factores relacionados con el estilo de vida y algunos medicamentos. De cualquier modo, en este caso se trataría de definir si el PA-25 se enfrenta a un agrandamiento de la próstata (ése fue el planteamiento de la consulta anterior).

PA: En realidad, estoy bastante preocupado. En la última visita al hospital me dijeron que casi seguro que mi próstata había aumentado de tamaño, que tenía una próstata agrandada. ¿Puedo sobrellevarlo con medicación?.

DT: Todavía no conocemos realmente todos los factores que provocan el crecimiento de la próstata, pero sí sabemos que existen dos factores que pueden aumentar el riesgo de padecer un agrandamiento de la próstata.

Se supone que DT debe verificar el equilibrio de las hormonas (estrógeno y testosterona) en su cuerpo cambia. El riesgo aumenta también con la edad.

Las siguientes preguntas se centraron en la PA-25, sobre los vínculos familiares, ya que podría tener más riesgo de desarrollarla si su padre o su hermano la padecen. DT preguntó también sobre la diabetes y los hábitos diarios como el ejercicio regular.

PA-25: ¿Tengo más probabilidades de padecer cáncer de próstata si tengo la próstata agrandada?.

DT: No, el agrandamiento de la próstata no aumenta el riesgo de padecer cáncer de próstata. Los dos problemas suelen empezar en partes distintas de la próstata. Pero los hombres pueden tener la próstata agrandada y cáncer de próstata al mismo tiempo.

PA-25: ¿Cómo puede afectar a mi vida el agrandamiento de la próstata?.

DT: El agrandamiento de la próstata afecta a los hombres de distintas maneras. Algunos pueden controlar los síntomas y no necesitan tratamiento. Otros necesitan estar cerca del inodoro, lo que puede dificultarles el trabajo, la conducción, las actividades al aire libre y la vida social. Si necesita ir mucho al baño por la noche, esto puede afectar a su sueño y hacerle sentir más cansado durante el día.

Algunos hombres con próstata agrandada ven cómo sus síntomas mejoran con el tiempo sin necesidad de tratamiento. Pero para la mayoría, los síntomas seguirán siendo los mismos o empezarán lentamente a causar más problemas con el tiempo a menos que reciban tratamiento.

El especialista puede hacerle otras pruebas, como una prueba de flujo de orina y una ecografía. En función de los resultados, es posible que se le realicen más pruebas en el hospital, como una prueba de presión vesical, una cistoscopia flexible y una prueba de compresas.

PA-25: ¿Cuáles son mis opciones de tratamiento?.

DT: Existen tres tipos principales de tratamiento para el agrandamiento de la próstata:

- cambios en el estilo de vida.

- medicamentos.

- cirugía.

Si las pruebas muestran que tiene agrandamiento de próstata, estudiaremos los resultados de sus pruebas y su historial médico para ver qué tratamientos pueden ser adecuados. Debe acudir al hospital lo antes posible. De todos modos, hay cambios sencillos que puede hacer en su estilo de vida que podrían aliviar sus síntomas:

- beber menos alcohol, cafeína, edulcorantes artificiales y bebidas gaseosas.

- beber menos por la noche.

- comer más fruta y fibra.

- compruebe sus medicamentos.

- Vacía la vejiga antes de salir de casa.

- mantener un peso saludable.

- hacer ejercicio con regularidad.

- masaje uretral.

DT: De momento vamos a esperar los resultados y luego tendremos otra cita.

• • • •

PA- 105.

La mañana era un invierno agresivo, llovía copiosamente, estaba húmedo y hacía frío. Eran casi las 11 de la mañana y yo esperaba la llegada de la DT. Dos mensajes de texto para asegurarme del encuentro y poco más. Entramos en el edificio de apartamentos apenas 5 minutos antes de la cita.

La DT me dio información sobre el caso. Parecía tratarse de un caso conflictivo. En principio, antes de ir al piso, tendríamos que comprobar en el mostrador de servicio que nuestro paciente había pagado el alquiler.

Se habían casado unos meses antes y, según ella, sospechaban que era un matrimonio concertado por el joven para aprovecharse de la mujer mayor.

Al parecer, el joven, dada la situación de PA-105 en silla de ruedas, se hizo cargo de su asignación mensual y siempre estaba en casa, en el piso alquilado por la señora, sin trabajar ni buscar trabajo, es decir, aprovechándose de ella.

Por otro lado, llevaba varios meses sin pagar el alquiler, sólo porque era él quien gestionaba los pagos, la señora nunca había dejado de pagar cuando vivía sola. Además, era incomprensible que no pagara, ya que tenía un piso con un alquiler muy bajo, muy asequible en comparación con sus ingresos.

Este asunto puso de los nervios a la DT, pues le parecía una absoluta vergüenza que ella tuviera un alquiler muy bajo y no pagara. El Servicio de Atención al Cliente confirmó que nadie había pagado el alquiler de su piso y que llevaba varios meses de retraso.

• • • •

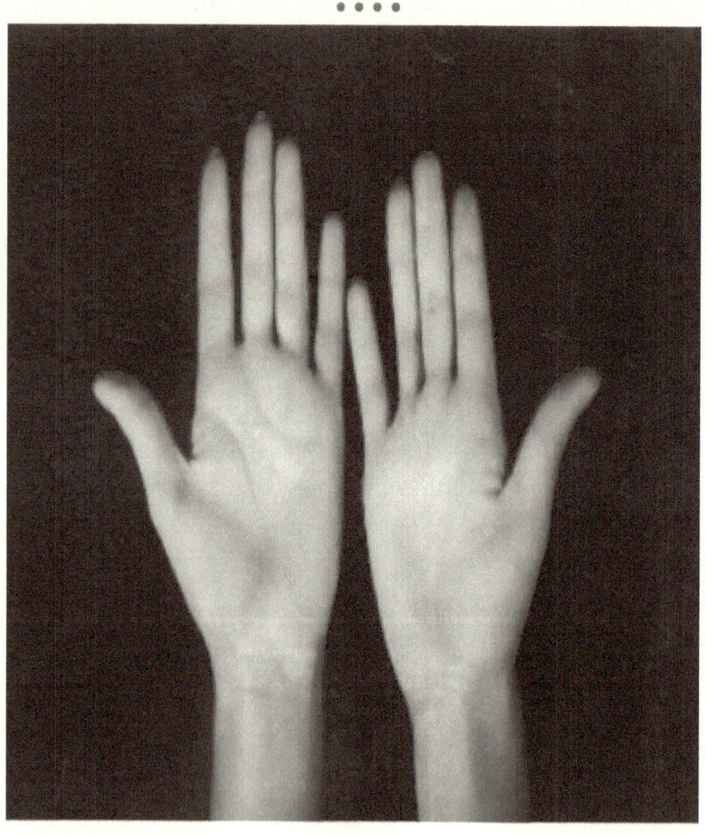

• • • •

Finalmente, tomamos el ascensor hasta su piso. Ambas esperaban la visita. La señora iba en silla de ruedas y tenía varios problemas de salud, incluida cierta pérdida de memoria.

La DT comenzó con una serie de preguntas. Se centraban en su estado de salud general, si salía o no salía nunca, cuál era su rutina, si tenía algún dolor, qué medicación tomaba y con qué regularidad, etc.

Poco a poco las preguntas pasaron a la situación en el hogar y la relación de pareja. Hay que decir que en este punto las preguntas eran muy directas, se limitaba a preguntar y preguntar para evaluar la contribución del marido en casa, su comportamiento, cómo gestionaba su salario, qué cosas hacía o dejaba de hacer.

La verdad es que las respuestas de la mujer, aunque eran lentas y a veces tenía que traducir dos veces para que entendiera el significado, eran siempre neutras, quiero decir que en sus valoraciones sobre su marido nunca decía nada negativo, aunque hay que tener en cuenta que el marido estaba presente y la miraba.

El marido intentó añadir un comentario personal entre las preguntas. Cuando llegó a esta parte del cuestionario, en cuanto se dio cuenta de que todos le estaban evaluando a él y a su comportamiento, mostró primero desagrado y luego disgusto total.

Dijo que no entendía por qué le hacían esas preguntas, y menos en su presencia, y que era realmente ofensivo. La DT no hizo ningún cambio, sino que se limitó a responderle directamente que se callara mientras su mujer respondía a las preguntas, ya que iban dirigidas a ella como asistente personal.

El marido no pudo soportar la respuesta, mostró su desacuerdo y se fue a la cocina. Había una pared entre ellos, pero la cocina estaba cerca y dejó la puerta abierta, por lo que, obviamente, pudo oír la conversación sin problemas.

Llegó el momento de las dos preguntas más controvertidas. En primer lugar, por qué no se había pagado el alquiler. Esta pregunta fue formulada en voz alta, indirectamente por la DT a su marido, un tanto irónicamente ya que acababa de decirle que no se entrometiera.

El marido captó perfectamente la indirecta y vino a vernos muy excitado. Dijo que el alquiler se pagaría la semana que viene, que no era para tanto, que sólo había unos pocos atrasos.

La DT le recordó inmediatamente que el problema sólo había surgido porque era él quien manejaba los ingresos de la casa. Esta afirmación enfureció aún más al marido, que ahora se paseaba de un lado a otro de la cocina bajo la mirada de su mujer.

Prometió que pagaría el alquiler la semana que viene, que pagaría todos los atrasos. De mal humor y desde la cocina, a distancia, pero eso fue lo que dijo. La DT hizo buscaba callejón sin salida, un momento de silencio.

Inmediatamente la segunda pregunta contradictoria. Al parecer, la señora llevaba algún tiempo utilizando el servicio de reparto de comida a domicilio, me refiero al servicio gestionado por la DT. Había una especie de servicio de catering para enfermos con problemas de movilidad, y a ella se le ofrecía la posibilidad de pedir comida del catálogo que tenían.

Al parecer, la señora lo había estado utilizando de lunes a viernes para el menú del mediodía, lo que venía haciendo con regularidad. Ahora la DT se había dado cuenta de que el marido había cancelado parcialmente este servicio, dejando sólo una entrega de comida a domicilio para el viernes de cada semana.

La DT, al no entender por qué había cancelado casi por completo estas entregas de alimentos, pidió explicaciones, pero antes preguntó a la PA-105 si estaba al corriente de esta situación y si había tomado la decisión junto con su marido, o si éste era el único responsable en parte de esta decisión.

Por supuesto, la DT fue muy directa e insinuó que era decisión exclusiva de su marido y lo atacó de manipulador, aunque no usó esa palabra, pero sus rodeos fueron muy directos y el sentido de sus palabras muy claro.

El marido, como era de esperar, sintiéndose atacado, volvió a nosotros desde la cocina y esta vez se dirigió directamente a su mujer, pidiéndole que fuera ella quien contestara para que viéramos que él no era culpable.

PA-105, observando las idas y venidas de su marido y escuchando las valoraciones de la DT, no supo qué decir al principio. Tras un rato de silencio, dijo que él cocinaba y que no faltaba comida, que siempre había algo para comer.

Hay que recordar que PA-105 también empezaba a tener algunos problemas de memoria, que en principio deberían valorarse en su evolución. A veces no entendía bien las preguntas, no comprendía el significado y, por supuesto, siempre tardaba mucho en contestar.

No dijo mucho más sobre la comida, permaneció en silencio, ahora con la cabeza gacha, como si estuviera pensando, o como si no le importara la situación.

El marido entró en acción, abrió la nevera y empezó a sacar cosas y a ponerlas sobre la mesa de la cocina. Nos había dicho que fuéramos a la cocina, que estaba a sólo unos pasos. Escuchó la DT y pudo ver varios platos de comida en la nevera.

El hombre dijo que era un buen cocinero y que siempre preparaba algo para el día siguiente por la noche. No entendía su apreciación porque no necesitaban pedir comida fuera cuando tenían comida en casa. Además, dijo, su mujer nunca se había quejado.

No dijo mucho la DT, que miraba la comida que le mostraban y guardaba un silencio de relativa aprobación, porque sus gestos decían lo contrario. La PA-105 se quedó ahora completamente callada, le preguntamos si estaba de acuerdo y, en cuanto respondió, se limitó a levantar el brazo y señalar a su marido, como diciéndonos que le preguntáramos a él.

Daba claramente la impresión de estar cansada. La DT también se dio cuenta y dijo que ya era suficiente por hoy. Concertaría otra visita. Mientras tanto, esperaba que el pago del alquiler fuera real y que se evaluara la situación alimentaria en función del resultado de la comida de la PA. El marido hizo un gesto hacia mí como si no entendiera lo que le decía.

El marido contestó que si tardaban demasiado en concertar otra cita, tal vez no estarían allí porque, dada la situación, se estaba planteando seriamente volver a su país de origen y llevarse a su mujer con él.

La DT le responde que, en el estado en que se encuentra la PA, viajar no es la mejor idea. El marido respondió que lo había pensado, pero que ella parecía estar bastante bien y que estaba seguro de que podría hacer frente al viaje y que después se lo agradecería.

La DT negó con la cabeza, pero sin decir nada en particular. No parecía sorprendida por este anuncio de un posible viaje.

Aunque la tensión estuvo presente durante la mayor parte de la visita, nos despedimos y hubo una despedida cordial. Sin embargo, en el pasillo de entrada al ascensor y antes de que el marido cerrara la puerta del piso, ella le recordó una vez más que tenía que pagar el alquiler. El hombre giró la cabeza hacia un lado e inmediatamente cerró la puerta con bastante fuerza.

· · · ·

PA- 81.

La visita era a media mañana, tenía que estar en casa a las 11h. Llegué media hora antes y me senté en un café al otro lado de la calle a esperar al DT. Llovía copiosamente, realmente era una mañana lluviosa.

La DT llamó al timbre, era un piso bajo, típico de las casas de esta ciudad, con la puerta principal bajo la escalera que lleva al edificio principal. Una mujer joven abrió la puerta. Nos preguntó quiénes éramos y fue a llamar a su madre. La madre era PA-81. Primero dijo que no había recibido ningún aviso de que la DT la visitaría hoy.

De todos modos, nos invitó a pasar. Desde el primer momento me di cuenta de que sólo hablaba con el DT, ni siquiera me miraba.

La casa tenía mejor aspecto por dentro que por fuera. Era espaciosa y tenía una fuente de luz muy grande desde el techo en medio de la sala principal. No era la primera visita del DT, ya había estado aquí antes, pero era la primera vez para mí.

Con PA-81 estaba su hija de 16 años y otro hijo de 14 que al parecer dormía en la habitación, no pudimos verlo. Tenía otro hijo, de 18 años, pero había salido. Tras las presentaciones, pasamos al caso en cuestión.

Se trataba de un caso de violencia doméstica. La PA había llamado a la policía y denunciado varias veces a su pareja por agresión. La DT la había ayudado con este problema con apoyo psicológico y ahora también buscaba subsidios o ayudas porque no podía pagar el alquiler.

El compañero no estaba con ella, es decir, había abandonado la casa, pero aparecía en contadas ocasiones para, según la PA-81, amenazarla e intentar entrar en la casa para agredirla. Pudo mostrar la parte superior del cuello y la espalda, donde tenía varias marcas que, según dijo, se había hecho unos días antes, cuando su novio la había visitado y luego la había golpeado.

Se trataba de un caso difícil de seguir. En primer lugar, porque según la DT, y por confesión propia, ella había estado en otro país años atrás y se había tenido que ir por el mismo motivo, es decir, la pareja que la había agredido (no era el mismo hombre que ahora). Esta pregunta y la forma de presentar los hechos llevaron al DT a dudar de la veracidad de los hechos.

No olvidemos que muchas parejas de inmigrantes, cuando atraviesan dificultades económicas o les resulta difícil obtener visados, utilizan la violencia doméstica como arma para conseguir que sus esposas e hijos obtengan documentos legales en el país como medida de protección.

Hay muchos casos en los que la violencia de género no existe, sino que se la inventan para conseguir sus objetivos de quedarse en el país. En otros casos, llegan a autolesionarse, o el marido les pega de verdad, pero siempre de mutuo acuerdo, es algo que se prepara para poder denunciar y conseguir documentos después.

Por lo que pude ver, la DT se había tomado su tiempo para evaluar muy bien la situación. Ahora había decidido ayudar a la AP. Estaba tramitando su solicitud de subsidio de vivienda y otras prestaciones, ya que tenía dos hijos menores. Por el momento tenía que esperar y lamentablemente la PA-81 había recibido un aviso de salida porque no había pagado.

Mi trabajo era difícil, la asistente sólo quería hablar con la DT, creo que porque era mujer. Era muy evidente que me rechazaba por ser hombre. Tal vez no podía distinguir entre una persona y otra, tal vez era uno de esos casos que creen que si un hombre la golpea, todos los hombres son asesinos.

Era muy desagradable, hablaba muy rápido e ignoraba mi traducción, que era necesaria porque la que hablaba (un poco) inglés era la hija y, como menor, no debía intervenir, pero a la madre le daba igual. La reunión fue difícil.

La PA-81 se volvió cada vez más agresiva y empezó a culpar a la DT, diciendo que se habían hecho muchas visitas a su casa pero que no veía ningún resultado. No entendía por qué no la ayudaban, era una víctima y tenía hijos, necesitaba ayuda.

La decoración de la habitación en la que estábamos era árabe. Había sofás pequeños, telas de colores en las paredes, muchos cojines incluso en el suelo, focos en los laterales sin luz, una alfombra roja y cortinas en los laterales que daban acceso a la habitación contigua. La asistente personal bebía té, aunque no ofrecía la DT. Sólo ella bebía té, no su hija.

Llevaba siempre en la mano una larga cuchara de madera, de las que se utilizan en la cocina cuando hay que remover grandes cantidades de comida. Dejaba la cuchara en el suelo mientras bebía té, pero luego la volvía a coger y la sostenía en la mano derecha.

Me recordó a las porras que utilizan los policías o a los palos de algunos guardias de seguridad, como para marcar distancias o protegerse en caso de ataque. La AP adoptó la misma postura con la cuchara larga.

Por otro lado, no tenía sentido que la tuviera, no había razón para ello, no era una herramienta válida para ninguna actividad en ese momento. Me sorprendió mucho que la DT no le preguntara por qué tenía esa cuchara en la mano. Era muy larga y tenía el mango recubierto de acero.

Volvió a levantarse la camiseta y me mostró las marcas de su espalda. Dijo que le dolía y que necesitaba ayuda. Cómo iba a pagar el alquiler, dijo. La situación era crítica, había recibido varios avisos de pago y éste era el último, tendría que abandonar la casa, ¿adónde iría, dijo.

El DT le ofreció varios documentos para firmar, solicitudes de ayuda y otros. La tramitación llevó algún tiempo, pero la DT se ofreció a acelerar el proceso en todo lo que pudiera.

La PA firmó los documentos, pero añadió que estaba harta de estas visitas a domicilio y que no veía el sentido. Añadió que tampoco le gustaba la presencia de un intérprete masculino. Dijo que le gustaría que nos fuéramos lo antes posible y que no la molestáramos más.

14. Risas y Llantos de Alquiler

PA-92.

PA-92 era una mujer joven de menos de 30 años, parecía preocupada y llevaba vaqueros con un jersey negro y una chaqueta para soportar el frío invernal. La vi esperando mi llegada. Era temprano, no había otros pacientes, así que fui directamente a preguntarle si esperaba un IT.

Era un hospital de Middle. Fue una de las pocas veces que pedí cita un sábado y a primera hora de la mañana, quizá por eso no había nadie. Pregunté en el mostrador y una amable señorita me dio el número de la consulta del DT, estaba dentro, me dijo, esperándoos a todos.

PA-92 empezó diciendo que tenía un problema sexual, su vagina estaba hinchada y le dolía mucho. El DT reaccionó rápidamente y dijo que había que examinarla. Dijo que él era un hombre y que era mejor que asignara a una enfermera para que la examinara como mujer.

El servicio de enfermería estaba en la misma planta y ella sólo tendría que cambiar de habitación y luego volver. La joven asintió. Mientras tanto, estaba dispuesta a compartir más detalles con el DT.

El DT le preguntó, antes de la exploración de la enfermera, si creía que podía tratarse de una infección sexual. Ella respondió que estaba casada y que sólo mantenía relaciones sexuales con su marido. Aclaró que era la primera vez que tenía algo de esta naturaleza.

El DT le preguntó si había notado algo en su marido, o si él le había hablado de algún síntoma similar. Dijo que sí, que él también tenía fuertes picores, un aspecto rojizo, molestias al orinar y la secreción de un pus blanquecino, pero que no había querido acudir a la clínica. Pensó que no era nada grave.

El DT le contestó que iban a esperar a un chequeo, pero que lo que acababa de decirle confirmaba sus sospechas de una enfermedad de transmisión sexual, ya que los síntomas de su marido eran los habituales en este tipo de enfermedades de transmisión.

La enfermera llamó a la puerta, dijo que estaba disponible, que podía ir con ella. Me quedé en el pasillo esperando a que volviera de la revisión y volvimos a entrar. Mientras que el DT, tuvo una breve charla con la enfermera, tomó algunas notas y le dijo a la PA-92 que también podrían tomar una prueba de orina (análisis de orina).

Sin embargo, a la espera de los resultados de su análisis de orina, iba a prescribirle un tratamiento, ya que su pronóstico le parecía muy aparente. Le aconsejó que le pidiera a su marido que viniera a hacerse un análisis de orina; de todos modos, le iba a recetar un medicamento aparte, que él también tendría que tomar si el problema seguía sin resolverse. Este medicamento ayudaría a detener la secreción y el picor.

Le dejó claro que las enfermedades de transmisión sexual tienen que ser tratadas por ambos miembros de la pareja, ya que son una pareja estable, y si ella toma la medicación y su marido no, en cuanto tengan relaciones sexuales volverán los problemas de infección.

Le dio recetas separadas, dejando claro qué medicamentos eran para ella y cuáles para el marido, y el horario y la dosis de cómo debían tomarse. Ella asintió con aprobación y cierto alivio.

El DT dio por concluida la sesión. A continuación le preguntó si quería hacer alguna pregunta antes de marcharse. Ella hizo una última pregunta:

- Si sólo tengo relaciones sexuales con mi marido, ¿cómo es posible que haya contraído una enfermedad de transmisión sexual?.

El DT nos miró a los dos y dijo:

- Es de suponer que ha sido su marido quien le ha transmitido la enfermedad. A veces, puede estar relacionada con una infección de orina. El análisis de orina lo confirmará.

La expresión de la joven era firme pero con cierto grado de contradicción. Miró al DT y le agradeció muy educadamente sus atenciones. Salimos juntos de la consulta.

A la salida, antes de despedirnos, me dijo que iba a necesitar un traductor para una reunión con un abogado de derecho de familia, y que si podía ayudarla como intérprete. Le dije que no había ningún problema, que cuando supiera la fecha exacta, la hora y los detalles de la reunión, que me lo hiciera saber y yo podría ayudarla.

Le facilité el número de teléfono de la agencia que gestionaba las reservas, le dije que más le valía avisarles con 24-48 horas de antelación, si quería que fuera, simplemente tenía que facilitar mi nombre a la agencia, o de lo contrario enviarían a otro traductor para cubrir sus necesidades.

Cogió el número de teléfono de la agencia que yo le había anotado, lo metió en una bolsita y se despidió con una suave sonrisa, tocándome el hombro izquierdo con la mano derecha en señal de agradecimiento.

Era temprano y sábado, hacía frío, mucho frío fuera. Al bajar las escaleras pude ver una cafetería, me tomé un café caliente y, aunque no me gustaba trabajar los sábados, pensé que de alguna manera había ayudado a alguien a sacar una infección de su cuerpo.

· · · ·

PA-01

Un joven con una prótesis de pierna (de rodilla para abajo). Un caso en el que la discusión, entre comillas, proviene de la existencia de la sustitución de la prótesis. La madre insiste en la sustitución, la DT no entiende la razón, y no ve suficientes argumentos por el momento para sustituirla.

Mientras el niño golpea la mesa de la DT al moverse, algunos objetos caen al suelo, la madre repite las mismas frases valorando la necesidad de sustitución y yo tengo que volver a traducir la misma frase.

La madre me mira fijamente, como pidiéndome complicidad en su petición, como si esperara que con mi traducción el médico dijera: Sí, claro que hay que sustituirlo, y la DT evita las miradas, sumergiendo su rostro en sus notas y su historia clínica. También estaba comprobando algunas cosas en un software, ya que tenía la pantalla de cara a nosotros (cosas de prótesis).

El ambiente era muy alegre, el niño sacó unos caramelos del bolsillo, la madre cambió de actitud casi al instante y agradeció a la doctora su ayuda, como si pensara que la discusión no era la adecuada. Continué con mi tarea, de pie, y ahora, fui yo quien bajó la cabeza.

La habitación de la DT era pequeña, la mayor parte del espacio estaba ocupado por un enorme escritorio, había una ventana pero tenía cortinas translúcidas, la habitación estaba iluminada con luz artificial (me sorprendió porque eran las dos de la tarde y el tiempo era agradable, casi soleado).

La DT se levantó de nuevo y revisó la pierna del joven, la parte superior, la prótesis era de antes de la rodilla hacia abajo. Dijo que no encontraba ninguna infección, que todo estaba bien, que la molestia de la que hablaban debía ser por otro motivo.

El chico se reía, no sé por qué, y decía cosas (en inglés), se lo agradezco, porque tener que traducir a dos personas hablando a la vez no es tan fácil, lo digo porque la madre no paraba de hablar, pero el ambiente era agradable.

El médico se reía mucho ahora (no sé por qué). Lo bueno de la risa es que no necesita traducción. Es el mejor comodín para un TI.

Todo eran actividades, muchas sonrisas, no parecía una visita médica y no parecía haber ningún signo de deterioro físico. Si todas las consultas fueran así, la salud mental de la IT nunca se vería comprometida.

Llegó el momento de despedirse, la conversación se hizo lenta y el médico se echó a reír, el joven y la madre devolvieron la prótesis a su lugar de origen y se dirigieron a la puerta. La prótesis, vista desde lejos, era invisible, es decir, no se podía adivinar que la llevaba puesta (estaba cubierta por unos pantalones largos y anchos).

La madre no paraba de darme las gracias, que no traducía porque era salir por la puerta, incluso me puso la mano en el hombro como gesto de agradecimiento, no paraba de reírse y la DT también (no me preguntéis por qué, no tengo ni idea).

••••

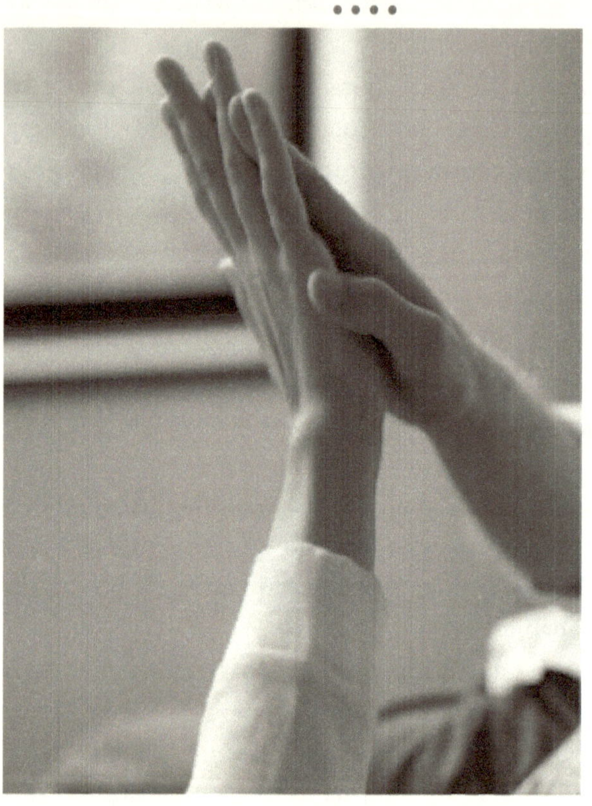

••••

La DT me pidió que esperara unos instantes, me haría algunos comentarios. Esperaba que pudiera volver para la siguiente sesión, para ella tener siempre el mismo IT era más beneficioso. Quería comprobar si su forma de expresarse era buena para facilitar la traducción.

Le agradecí sus preguntas (poco habituales en otras reuniones) y le dije que su cooperación había sido excelente. Me había facilitado el trabajo y me pareció que la PA también estaba satisfecha con su apoyo.

En este caso hubo aclaraciones. También le dije que me había presentado correctamente al principio de la sesión, mencionando que el informático era un miembro no clínico del equipo sanitario. Todo ello había facilitado el grado de comunicación y confianza. Ella sonrió y habló con calma.

. . . .

PA-24.

. . . .

Se trataba de una cita con un psicólogo, pero también incluía algo de medicación, en concreto un pinchazo con una enfermera, a la altura del abdomen. Mientras recibía el pinchazo desde detrás de la cortina, me pidió que le tradujera algunas preguntas, como que le dolía mucho y algunas cosas más.

Por lo que pude traducir y deducir, dado que era una visita repetitiva, la primera vez para mí, había sufrido dos abortos espontáneos en un período muy corto de tiempo y esto le había provocado algunos problemas de salud muy graves. De ahí el pinchazo y otros medicamentos.

Su aspecto exterior era muy bueno, tendría unos 35 años, a juzgar por mi perspectiva y buen aspecto, me habló de los problemas para mantener su trabajo y la lucha que tuvo que hacer en este asunto, crucial para ella, por lo que pude entender había estado sola desde su llegada al Medio.

Se dirigía a mí muy espontáneamente, tratando de traducir con rapidez, se podría decir que se sentía bastante segura en ese aspecto. Ahora estaban hablando de unas supuestas reacciones previas a una complicación de la que se había hablado en el pasado, y de cómo las pastillas no estaban funcionando tan bien como se esperaba. Ahora los pinchazos parecían ir bien.

La cuestión es que no se esperaba que el pinchazo de hoy fuera en el abdomen, la PA-24 estaba refunfuñando tanto que casi no permitió que el DT la pinchara. Finalmente, accedió aunque me decía que interpretara claramente que este proceso era demasiado doloroso para ella.

Se encontraba muy mal. Decidieron aplazar la consulta psicológica, por hoy estaba bien con el pinchazo. Volvería otro día.

· · · ·

PA-73.

· · · ·

Había varias familias, la mayoría de padre y madre, otras sólo la madre, no pude ver a ningún padre solo. Me habían llamado para traducir a una madre que asistía sola a la reunión. No había niños.

No se me informó del tema ni de las cuestiones que se iban a tratar. Simplemente se me dijo que la mujer que era mi asistente personal y, yo me senté a su lado, interpretara lo que se dijera.

La mujer que hablaba tenía un alto nivel de comunicación, creo que si se hubiera propuesto vender una propiedad, un piso o cualquier otra cosa a los asistentes, estoy seguro de que lo habría conseguido, todo el mundo le prestaba verdadera atención, casi diría que asombro. El ambiente era muy cordial.

Nos sentaron a todos en una mesa enorme. Había dos mujeres, que se encargaban de la hospitalidad. Una de ellas, como de costumbre, mencionó de forma genérica cuál era el motivo de esta reunión y qué temas se iban a tratar.

En pocas palabras, se trataba de un *Parent Coaching*. No se trataba de una reunión puntual, sino de varias reuniones a lo largo de varias semanas, una por semana. El objetivo básico era instruir a los padres en detalle sobre cómo manejar a estos niños y contrastar los distintos casos y comportamientos, dando esta información en grupo, como en la gestión de una terapia de desarrollo.

Comentó que el trastorno del espectro autista (TEA) es un trastorno neurológico y del desarrollo que afecta a la forma en que las personas interactúan con los demás, se comunican, aprenden y se comportan. Aunque el autismo puede diagnosticarse a cualquier edad, se describe como un "trastorno del desarrollo" porque los síntomas suelen aparecer en los 2 primeros años de vida.

Seguí traduciendo los comentarios a mi PA-73, que estaba a mi lado, aunque en un tono muy bajo, sin interferir en la reunión, ya que los demás asistentes a la reunión no necesitaban IT, era una traducción simultánea para una sola persona. En este caso, mi trabajo consistió en facilitar a esta madre la comprensión de la reunión, ya que no hizo ninguna pregunta adicional.

El tema de la reunión fue una sorpresa, nunca antes había asistido a una reunión de padres de niños diagnosticados de autismo. Ahora ya sabía de qué trataría la reunión.

Por si fuera poco, nos dijo que íbamos a hacer una pausa de unos 15 minutos. Al fondo nos dijo que había bebidas para refrescarnos durante la pausa. Era como un buffet, como informático suelo negarme a aceptar bebida-comida en las reservas, pero hoy como era todo tan familiar y con tan buen ambiente decidí hacer una excepción y, me acerqué a la zona de refrescos.

Había un montón de selección, leche, café, té variado, bocadillos preparados, zumos de piña y naranja, frutas variadas, cruasanes pequeños, jamón, queso en lonchas, galletas de coco, galletas de chocolate y mantequilla. Era realmente como un desayuno buffet en un hotel de lujo.

Todos los presentes recogieron los alimentos variados y se sentaron en las mesas laterales para comer, no en la misma mesa utilizada para la reunión, otra mesa al fondo de la sala. A pesar del gran número de asistentes, había espacio de sobra, lo cual se agradeció. El ambiente era tan cómodo que podríamos haber jugado al Bingo y no habría pasado nada.

No importaba lo mucho o lo poco que cada madre supiera sobre la enfermedad, todas recibirían el mismo apoyo.

Hoy, para empezar, se mencionarían algunos comportamientos específicos de estos niños, que son típicos en casos conocidos, después se preguntaría a los padres presentes uno a uno si han identificado alguno de estos patrones de comportamiento en sus hijos, se les pediría que intervinieran y expresaran lo que han visto (sin forzar a nadie).

Se trata de un ejercicio muy fortalecedor, que ayuda a los padres a escuchar en persona cómo otros padres tienen reacciones comparables, que no están solos y, al mismo tiempo, que deben ser conscientes de que sus hijos no son "bichos raros".

Se discutirían otros puntos básicos. Se citaron algunos comportamientos, de varios niños, eran ciertos patrones ya identificados como comportamientos autistas, y se pedía a los padres que confirmaran que los habían observado en casa (tres asintieron levantando la mano).

Supongo que la ponente contaba con un informe previo de cada una de las familias (por la forma en que se expresó). Se trataría de una prueba de comportamiento y seguimiento de esas actitudes y prácticas previas a las que ya se había hecho referencia.

Se dirige a una de las madres por su nombre. Luego, comentó algunos detalles que él había apuntado sobre su hijo. Ella asintió con la cabeza.

El programa de formación de padres se centró en orientar a los padres para que promovieran estratégicamente el desarrollo de sus hijos mediante interacciones alegres y actividades que ayudaran a abordar las necesidades únicas de sus hijos.

Se basaba en el enfoque holístico de los cuidadores y los apoyos naturales en la vida del niño. Los padres y cuidadores conocen a sus hijos mejor que nadie y estas relaciones de apego seguro son vitales para ayudar a los niños a desarrollarse y superar los retos de este mundo expresivo y único que es el autismo.

DT: Demasiados profesionales ven el autismo como algo que hay que controlar y contener. Nosotros vemos el autismo como una neurodiversidad que hay que comprender y a la que hay que ayudar de la manera adecuada. Una vez comprendida, la persona puede desarrollar todo su potencial.

Hay aspectos del autismo que son discapacitantes y muy desafiantes. No obstante, tratar de comprender las diferencias del neurodesarrollo en un esfuerzo por promover el crecimiento y el desarrollo puede ayudar al individuo autista a alcanzar su potencial al tiempo que se abordan los aspectos discapacitantes.

Ahora daba cuatro casos de niños, tras los informes de sus familias, que mostraban las actitudes específicas (cuatro casos referidos):

Caso 1. Los síntomas que presenta el niño son el resultado de problemas subyacentes en su capacidad para percibir el mundo a través de sus sentidos y utilizar su cuerpo y sus pensamientos para responder a él. Estos problemas interfieren en la capacidad del niño para crecer y aprender, y conducen al diagnóstico de autismo.

Caso 2. Mostraba hiper o hiporreactividad a los estímulos sensoriales o un interés inusual por los aspectos sensoriales del entorno (por ejemplo, indiferencia aparente al dolor/la temperatura, respuesta adversa a sonidos o texturas específicos, olor o tacto excesivos de los objetos, fascinación visual por las luces o el movimiento).

Caso 3. Intereses muy restringidos y fijados que son anormales en intensidad o foco (por ejemplo, fuerte apego o preocupación por objetos inusuales, intereses excesivamente circunscritos o perseverativos).

Caso 4. Déficits en los comportamientos comunicativos no verbales utilizados para la interacción social, que van, por ejemplo, desde una comunicación verbal y no verbal mal integrada; a anomalías en el contacto visual y el lenguaje corporal o déficits en la comprensión y el uso de gestos; a una ausencia total de expresiones faciales y comunicación no verbal.

Cada vez que la DT se refería a estas connotaciones de los distintos niños, los demás participantes escuchaban en total silencio. Había un interés manifiesto por conocer las situaciones variables de trastorno que se manifestaban en las familias. Era como si, al escuchar la falta de los demás, se estuvieran preparando para lo que podría ocurrir en el futuro con su propio hijo.

Hay quien piensa que los niños autistas no pueden amar con el mismo grado de calidez e intimidad que los demás. Esto es un falso mito.

• • • •

PA-107.

• • • •

La palabra clave en esta reunión fue: medicación, o más exactamente, pastillas. Fue un intercambio constante de preguntas y respuestas, en el que PA-107 insistió una y otra vez en que le dieran más pastillas.

Anteriormente me había encontrado con PA que pedían más pastillas, que pedían más tratamiento o que exigían ayuda extra al DT, pero nunca había experimentado un caso tan curioso y tan insistente por parte del PA. Era auténtico pánico.

PA-107: ¡Necesito más pastillas!.

Finalmente el DT accedió, dándole una receta, aunque diferente de las que ya tenía.

Al ver que el nombre de la receta no coincidía con la medicación anterior, PA-107 volvió al ataque. Ahora no dudó en echarse a llorar. Su disgusto fue enorme.

La DT era sólido y grave, no le afectaban los gemidos de PA-107. Traducir cuando alguien llora es complicado, las palabras salen entrecortadas y no es fácil discernir el discurso, aunque sean frases cortas las que se pronuncian.

Se recuperó pronto y volvió a las andadas. Quería recetas para todas las pastillas. ¿Cómo iba a dejar las anteriores?. ¿Qué significaba eso?.

A la salida me dijo que la DT era insoportable y poco profesional, que iba a pedir un traslado. En la próxima visita iría a otro DT aunque tuviera que mudarse a otra parte de la ciudad. Nos despedimos sin hablar. No sé si ella tendría la misma opinión de mí.

. . . .

PA-90.

. . . .

No tenía datos sobre el paciente, pero conocía el Centro, siempre fue un problema de salud mental. Estaba esperando a que llegara PA-90, no tardó mucho, no había nadie para poder identificarla. Se sentó a mi lado, puso su bolso a un lado de mi silla.

La DT salió de su despacho, nos vio y me llamó sola. Me hizo pensar que seguramente PA-90 no estaba contenta con mi presencia o que podrían haber decidido hacer un cambio de última hora, pero si me iba a llamar sola, no sería una cuestión de grupo.

Empezó a hablar de forma teórica sobre el trabajo de los informáticos. Se expresó de forma muy profesional, diciendo cosas como:

La competencia lingüística adquiere mayor importancia a medida que aumenta el grado de implicación del paciente, alcanzando su punto álgido en los encuentros relacionados con enfermedades mentales y problemas de comportamiento y motivación, en los que los matices de significado y las sutilezas de expresión marcan la diferencia entre la comprensión compartida y el fracaso total de la comunicación.

IT: Sí, por supuesto, es una parte crucial de mi trabajo, posiblemente uno de los motivos que me impulsan a realizar esta tarea de interpretación.

DT: Soy un defensor del uso de los IT en el NHS y el modelo dominante parece ser el uso de intérpretes de agencia de forma ad hoc. Se trata de una asignación ad *hoc* de intérpretes, en este caso presenciales.

Hizo una pausa, mirándome fijamente, así que asentí con la cabeza para indicar que seguía su razonamiento.

IT: Por supuesto, conozco estas cuestiones gracias a mi formación y a los documentos oficiales que he revisado varias veces. Forman parte de mi preparación para esta tarea.

DT: Esta cuestión ayuda a establecer una relación fructífera entre médico y paciente y es clave para una gestión eficaz de la consulta. La gestión de las enfermedades crónicas mejora mucho con la continuidad asistencial y el apoyo lingüístico adecuado. Sé muy bien que a veces también se ayuda con tareas administrativas, lo que supone un trabajo de colaboración muy interesante.

DT: Creo que conoces al cliente, ¿no?. Porque sabes que tengo que hacer algunas comprobaciones, es imprescindible que el psicólogo identifique si existe una relación no profesional preexistente entre el paciente y el intérprete, por ejemplo, cuando el intérprete y el cliente tienen alguna historia en común, como haber vivido en la misma comunidad antes de emigrar.

Si existe una mayor probabilidad de familiaridad entre el paciente y el intérprete, existe el riesgo de que se produzca una violación de la confidencialidad que puede repercutir en la dinámica de la comunicación, imponiendo así barreras a un diálogo abierto y honesto.

IT: No puedo decir mucho al respecto, vivo lejos de aquí, acepto reservas centradas en otras áreas, muy pocas aquí, es decir, no conozco a la paciente de nada, no tengo ni idea de quién es, además, como puedes ver en mi expediente no hay ningún tipo de dato personal, la agencia hace muy buen trabajo en ese sentido y se cuida de no compartir datos personales.

DT: Sí, lo entiendo. Lo que pasa es que cuando llegaste, la asistente personal se sentó a tu lado, y me dio la impresión de que estabais emparentados. Incluso la vi poner su bolso en tu silla.

Estaba viendo cosas inexistentes, nunca había visto a esta joven en mi vida, nunca había tenido ninguna relación con ella y nunca había tenido ninguna reserva con ella en el pasado. Nada de nada.

DT: Ha tenido una cita anterior conmigo, pero poco productiva dadas sus limitaciones lingüísticas que yo desconocía en ese momento.

Evidentemente, la detección de limitaciones en el inglés del paciente puede facilitar enormemente la comunicación entre la PA-90 y el psicólogo al trabajar con un intérprete cualificado para traducir la información de un idioma a otro de forma precisa, eficaz y oportuna.

Incluir un intérprete en el entorno psicológico será beneficioso cuando el cliente prefiera hablar, o hable con más fluidez, en un idioma distinto del idioma principal del psicólogo, o cuando los conocimientos de inglés del cliente se consideren inadecuados para la consulta.

IT: Por supuesto, hay que eliminar la barrera del idioma para conseguir un buen servicio, considero mi trabajo fundamental en esa tarea.

La verdad es que no sabía qué pensar. Por un lado, las explicaciones de la DT fueron muy profesionales, me fue aclarando aspectos básicos que agradecí, y mostró una total aceptación del uso de las TI's en este tipo de reuniones.

Pero por otro lado, dejaba una duda al final de sus comentarios, no confiaba en que yo dijera la verdad, en cierto modo me estaba dando a entender que este PA-90 y yo nos conocíamos y que yo no estaba diciendo la verdad. Esto empezaba a irritarme, aunque mantuve las distancias.

Pensé que era mejor dejarla seguir hablando para ver hasta dónde llegaba con sus argumentos.

DT: Como sabe, existe una opción de IT telefónica, pero para mí la opción presencial es mucho más fiable y eficaz para mi trabajo. Pero, por supuesto, si conoces a la asistente personal, esto pasa a un segundo plano.

· · · ·

· · · ·

Era obvio, su mente lo tenía todo pensado. Dijera lo que dijera, su mente solo aceptaba la opción de que PA-90 y yo nos conociéramos, no iba a ser fácil cambiar sus pensamientos.

Decidí no discutir con ella, ni intentar rebatir su punto de vista, simplemente pensé en escuchar sus comentarios, además, parecía una buena psicóloga, se expresaba de forma muy competente, con profesionalidad.

Mi trabajo consistía en luchar y ayudar con las traducciones, centrándome en el aspecto comunicativo, no podía enzarzarme en una discusión a primera hora de la mañana con una psicóloga presumida que creía que yo sabía PA-90 sólo porque había colgado su bolso en la misma silla en la que yo estaba sentado.

Puede que este programa esté descrito en algún cuaderno freudiano o de psicología de sobremesa, no lo sé, en mi psique y, en el contexto de la situación real, no fue más que un movimiento casual, igual que ella podría haberse quitado la chaqueta vaquera que llevaba puesta, o podría haber colgado el bolso en una silla vacía, ni siquiera sé si había perchas en la habitación, ¡quién sabe! Era la primera vez que veía a esa mujer, eso seguro. ¿Debería llamar a un notario para validarlo?.

Intentaba ordenar mi mente de forma constructiva para evitar cualquier enfrentamiento. Entonces recordé el punto de la dinámica interpersonal, establecido en las directrices de la agencia y de la APS.

Estas directrices iban dirigidas a una situación problemática durante la traducción, es decir, dentro de una reunión de trabajo. Cómo se podía expulsar al informático, pero claro, en mi caso, ahora mismo, me estaban juzgando antes de empezar de una manera muy poco convincente. A no ser que la PA haya hablado con la DT, y le haya dicho algo sobre mí que yo desconocía. Pero en ningún momento los he visto juntos desde mi llegada.

Y continuó:

En esta situación, me veo obligada a cancelar la reunión, dijo.

Entonces ella dijo:

NHS National recomienda que todos los británicos tengan derecho a acceder a los servicios disponibles gratuitamente para los británicos de habla inglesa, independientemente de su origen étnico y lengua materna. Facilitar la comunicación a través de intérpretes es, por tanto, importante para garantizar una prestación equitativa y eficaz de los servicios psicológicos.

Me callé, no quería crear tensiones. Me dejó claro que me pagaría el 100% de la reserva. ¿Debería darle las gracias?.

Le contesté que había entendido sus razones y que me iba a marchar porque me tomaría mi tiempo para solicitar otra reserva disponible en la zona. Me despedí lo más rápida y cordialmente posible y salí. Al salir, pude ver a PA-90 sentada en la misma silla que cuando había entrado, consultando su teléfono móvil.

Me miró y me saludó con la mano, como si esperara que fuera hacia ella. Su bolso estaba ahora entre sus piernas, parecía que acababa de sacar su teléfono del bolso. El bolso me pareció bonito, era azul y de tamaño mediano.

Comprobé la hoja de asistencia firmada por el DT. Ponía cancelado, sin comentarios adicionales. Pensé que era inexacto pero, como estaba cansado, no me apetecía seguir dando vueltas, así que no hice ningún comentario adicional para la agencia, simplemente la devolví tal cual, sin más comentarios por mi parte.

Sería muy difícil explicarles que se canceló porque a PA-90 se le ocurrió colgar su bolso en la misma silla en la que yo estaba sentado. Incluso a mí me cuesta imaginarlo, a pesar de que estaba en el lugar de los hechos.

15. Días de Amnesia

En la mayoría de los casos, las anulaciones se deben a la ausencia del paciente. Se trata de la inasistencia del PA a la cita. Esto es más o menos frecuente y preocupa al SNS. Existen estadísticas sobre el elevadísimo número de pacientes que no acuden anualmente a las consultas.

Hay otros motivos de cancelación:

Motivo de la cancelación: error lingüístico en la asignación de IT.

Llegué bastante temprano a la cita. Unos 20 minutos de espera. Cinco minutos antes de la hora prevista se me acercó una señora, me dijo algo en inglés, me preguntó si era el traductor, le dije que sí. Parecía satisfecha, me dedicó una suave sonrisa y se sentó en el asiento libre a mi derecha.

Empezó a hablar bastante rápido, me di cuenta de que no entendía lo que decía. Le dije que esperara, que no la entendía, frunció el ceño. Le dije que esperara un momento, que volvería enseguida. Fui a recepción, pregunté si aquella señora era mi paciente, comprobaron el historial y me confirmaron que sí.

Les dije que por favor comprobaran para qué idioma tenían la sesión. Me dijeron que era para polaco, que la señora era polaca y que ese era el idioma solicitado. Les dije que se habían equivocado, porque yo no era polaco. La agencia, o ellos, se habían equivocado porque la solicitud no era la correcta y no podían ayudarme con ese idioma.

Motivo: la TI debería haber sido para el lenguaje de signos.

No tardamos mucho en darnos cuenta de que había habido un error. La agencia no se había dado cuenta de que necesitaba un informático en lengua de signos (sordos). Error en la solicitud.

Motivo: la anciana había muerto de madrugada.

La visita se había reservado con 4 días de antelación). Se trataba de un paciente con derrame cerebral, caso muy grave. Como era obvio, no habían tenido tiempo de anular la reserva esa misma mañana y nadie había avisado a la agencia de la muerte súbita (la noche anterior).

Motivo: el paciente no se presentó a la cita.

Fueron 30 minutos de espera, nadie se presenta, no hay preaviso ni llamada y, el DT tiene otro PA esperando. De mutuo acuerdo se cancela la cita.

Motivo: En una reunión con varios asistentes, uno de los participantes llega más de 30 minutos tarde.

Estaba previsto que la reunión empezara a las 10 de la mañana, y ya habían llegado todos los asistentes menos uno. Se recibió una llamada que estaba bastante lejos. Hubo que esperar 30 minutos, tras lo cual el coordinador decidió cancelar la reunión.

Conclusión

El intérprete será capaz de negociar las dos culturas en juego, las que dependen de las lenguas implicadas. Puede ser neutral o activo, o incluso servir de puente entre el profesional y el paciente que no habla el mismo idioma y que no comparte la misma visión de las cosas.

Podrá elaborar un mensaje de transmisión basado en equivalencias, conceptos y un conocimiento suficiente del contexto y los antecedentes culturales del paciente, así como de la cultura médica. Será capaz de luchar y reconocer la dificultad de la búsqueda adecuada de equivalencias culturales.

Y deberá hacerlo garantizando siempre la calidad de la interpretación bajo un criterio auténtico en el que no caben funciones mediadoras adicionales.

En este planteamiento definirá su función primordial, el papel de facilitador del proceso de comunicación entre dos personas que no hablan el mismo idioma, en una dinámica de consecución del verdadero objetivo del encuentro entre los tres, es decir, el propio bienestar del paciente.

Facilitar el procedimiento de diálogo requiere mucho más que simples conversiones lingüísticas, sobre todo cuando el marco cultural de significado para el paciente y el proveedor son muy diferentes.

El intérprete no sólo consigue la conversión lingüística adecuada de una lengua a otra, sino que también ayuda activamente, cuando es necesario, a superar los obstáculos a la comunicación derivados de las diferencias culturales, de clase, religiosas y otras diferencias sociales.

Los casos han sido amplios, convincentes, llenos de vivacidad y realismo. En conjunto, ponen de manifiesto las barreras médico-sociales que se oponen a una intervención gradual, en la que la falta de transparencia, ya sea en la terminología empleada o en las conceptualizaciones poco precisas, dificulta el entendimiento entre las partes.

La narración implica a un gran número de personajes. Cada uno de los pacientes que reciben asistencia médica, recibiendo al mismo tiempo asistencia verbal.

Se trata de personajes inmersos en una doble lucha, por un lado, para gestionar y lidiar con sus dolencias, y por otro, para obtener la ayuda comunicativa que les permita transmitir sus sentimientos y opiniones con la total confianza de que el receptor los comprenderá.

En este grupo no hay luchas ni tensiones, sólo colaboración y trabajo en equipo, aunque sea dentro de un grupo reducido de tres componentes (PA + DT + IT).

El conjunto de casos relatados nos conducirá al imaginario cultural de quienes cambian de país, de quienes necesitan un reciclaje social y lingüístico, de quienes entienden la palabra "cultura" a su manera.

Muchos casos siguen en el aire. La cercanía de la traducción no puede ir más allá por el momento. No percibo la necesidad de una inmersión completa en todos los casos que he podido asistir.

Las concreciones entre Psicólogo, Intérprete y Paciente, son emociones, dudas, un mecanismo de vacilación, situado entre la proyección de los cuidados médicos y la recreación del paciente que intenta mejorar de sus dolencias. El intérprete permanece en la sombra.

About the Author

Jorge Argibay holds a Master's degree in Comparative Literature from Autonoma University of Madrid, where he won the research award. This degree was combining with stays at the French University Paris-Diderot (Paris 7). He is a breath of contrasting knowledge in the field of interpretation, literary studies and the academic environment, with a touch of gentle lethargy.

He has extensive international experience and has immersed himself in the geography of countries as diverse as Mexico, Colombia, France, United Kingdom, China and the Philippines, in a constant quest to study other languages and cultural interactions. He has worked as an interpreter, teacher and researcher. He has applied his knowledge in the business world, by supporting multilingual teams in their task of recruiting new talent. His mind has been able to adapt to his obsession for travel itineraries, combining his admiration for other cultures, mixing it all in the same cocktail of his own destiny.

www.ingramcontent.com/pod-product-compliance
Lightning Source LLC
Chambersburg PA
CBHW021156160726
47994CB00001B/233